과학이 즐거운 과학사전

글 이진희
한국교원대학교를 졸업하고 서울교육대학교 교육대학원 초등과학교육에서 학위를 받았어요.
지금은 서울 신상도초등학교에서 과학교과 전담교사로 근무하고 있어요.
여러 가지 직무연수와 자격연수에서 강의를 하고 있으며, 아이들의 과학 활동을 꾸준히 지원하기 위해 탐구대회 및 과학 동아리 활동을 지원하고 있어요.

그림 이국희
멀티미디어디자인을 공부하고, 지금은 어린이 책에 그림을 그리는 일러스트레이터로 활동하고 있어요.
그린 책으로는 『수학이 풀리는 수학사전』, 『사회가 보이는 사회사전』, 『과학이 즐거운 과학사전』, 『선생님, 질문 있어요』, 『퍼즐북 보물섬』, 『상위 5%로 가는 문화탐구교실』 등이 있어요.

과학이 즐거운 과학사전
글 이진희 그림 이국희

2판 1쇄 발행 2020년 3월 15일 **2판 3쇄 발행** 2024년 1월 2일
펴낸이 김병오 **편집장** 이향 **편집** 조웅연 김샛별 안유진 **디자인** 정상철 배한재
홍보마케팅 한승일 이서윤 강하영 **펴낸곳** (주)킨더랜드 **등록** 제406-2015-000037호
주소 경기도 파주시 회동길 512 B동 3F **전화** 031-919-2734 **팩스** 031-919-2735
ISBN 978-89-5618-866-9 74400
제조자 (주)킨더랜드 **제조국** 대한민국 **사용연령** 7세 이상

과학이 즐거운 과학사전 ⓒ 2016 이진희 이국희
• 신저작권법에 의해 한국 내에서 보호를 받는 저작물이므로 무단전재와 복제를 금합니다.
• 종이에 손이 베이거나 모서리에 다치지 않게 주의하세요.

킨더랜드 책가방 4

과학이 즐거운 과학사전

글 이진희 · 그림 이국희

『과학이 즐거운 과학사전』 똑똑하게 읽어 보기

초등학교 3, 4학년 과학 교과서에 나오는 용어를 주로 실었습니다.
또한 초등학교 3, 4학년 과학 교과서에는 나오지 않지만 과학 개념을
이해하는 데 도움이 되는 과학 용어와 5, 6학년 과학 교과서의
일부 단어를 함께 실었습니다.

우리가 일반적으로 사용하는 사전처럼 가나다순으로 차례를 만들었습니다. 모르는 과학 용어를 사전에서 찾아 공부하는 습관을 가져 보세요.

다양한 그림과 생생한 사진을 이용한 설명으로 용어의 개념을 쉽게 이해할 수 있습니다.

태풍

'하나 더'는 해당 과학 용어에 대한 보충 설명이나 관련 용어를 설명해 줌으로써 좀 더 깊이 있는 이해를 도와줍니다.

헬륨가스를 마시면 왜 목소리가 변할까?

〈함께 익히기〉에서는 해당 과학 용어와 관련된 내용으로, 같이 익히면 쉽게 이해되거나 함께 알아두면 좋을 용어들을 적었습니다.

함께 익히기 **수증기**

신나는 과학 교실 뽐내는 과학 실력에서는 슬러시 만들기, 소화기 만들기, 따뜻한 손난로 만들기, 치즈 만들기 등 집에서 손쉽게 할 수 있는 재미있는 과학 실험 활동을 소개하고 있습니다. 이러한 과학 실험을 통해 여러 물질의 특성을 이해하고, 과학적 현상을 발견할 수 있습니다.

머리말

과학의 개념을 이해하면
세상을 더 넓게 더 많이 볼 수 있어요

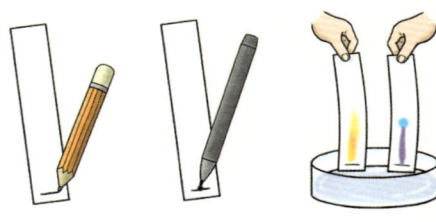

"비는 왜 와?", "밤에 별은 왜 빛나?" 아이는 매일매일 궁금한 것이 많습니다. 하지만 막상 설명해 주려면 시작부터 막히는 것이 대부분입니다.
이렇게 호기심 가득한 아이의 질문에 수준에 맞지 않는 설명을 하거나 무조건 외우게 하면 과학을 싫어하게 되거나, 늘 어려운 과목으로만 생각하게 됩니다. 흔히 과학은 영재나 과학자들만이 공부하는 학문이라는 오해를 받습니다. 이 때문에 과학 교육에 대한 접근이 쉽지 않고, 또 어려운 과목으로 인식되어 어린이들이 겁을 내게 됩니다.
하지만 과학은 모든 곳에 적용할 수 있는 세상의 기초가 되는 과목입니다. 우리 어린이들이 과학을 올바르게 알면 세상을 바라보는 눈도 달라질 수 있을 뿐 아니라 미래 역시 제대로 열어 갈 수 있게 됩니다.
『과학이 즐거운 과학사전』은 과학적 개념이 막연하게 느껴지는 초등학교 저학년 어린이들을 위해 만들었습니다. 과학은 초등학교 교육과정에 3학년부터 시작되는 과목입니다. 이 책은 1~2학년 아이들이 읽어도 쉽게 이해되고, 3~4학년 아이들에게 적합한 내용들을 전달하고자 하는 고민 속에서 부모의 마음으로 썼습니다.

어렵고 외우는 과목이 아니라 바로 '나'로부터 시작하고, '내 주변'에서 일어나고 있는 일들, 그래서 태어날 때부터 궁금했던 것들의 답을 찾아가는 것이라고 생각할 수 있도록 설명해 보았습니다.

이 책의 전체적인 내용은 초등학교 교과서를 기본으로 하고 있습니다. 기본을 익히면 여러 가지 개념을 이해할 수 있는 학문이 과학입니다. 한번 제대로 파악한 과학의 개념은 점점 살이 붙으면서 자신만의 개념이 되고, 나중에는 미래를 여는 새로운 과학의 개념으로 발전될 수 있을 것입니다.

어린이들이 교과서를 읽다가 문득 궁금한 것이 생겨서 부모님께 달려가면 『과학이 즐거운 과학사전』을 건네주세요.

과학적 개념과 원리를 올바르게 이해하고, 과학의 원리로 이루어진 세상을 볼 수 있을 뿐 아니라 과학 실력도 향상될 것입니다.

이진희

차례

가을 · 18
간수 · 19
감각 기관 · 20
강 · 21
갯벌 · 22
거름 · 23
겨울 · 24
겨울눈 · 25
겨울잠 · 26
겹눈 · 27
겹잎 · 28
고체 · 29
곤충 · 30
광원 · 31

구름 · 32
그림자 · 33
금속 · 34
기상 관측 · 35
기온 · 36
기체 · 37
꽃 · 38

나노 · 40
나이테 · 41
나침반 · 42
난생 · 43
날씨 · 44
내시경 · 45
녹는점 · 46

눈 · 47
눈금실린더 · 48

단열 · 50
단층 · 51
달 · 52
달의 움직임 · 53
대기 · 54
대류 · 55
도체 · 56
동물 · 57
동물의 한살이 · 58
드라이아이스 · 59
떡잎 · 60

레이저 · 62
렌즈 · 63
리트머스 종이 · 64

마그마 · 66
무게 · 67
무게 중심 · 68
물 · 69
물의 순환 · 70
물질 · 71
민물 · 72
밀물 · 73
밀도 · 74

바람 · 76
반도체 · 77
반사 · 78
반투명 · 79
백엽상 · 80
번개 · 81
번데기 · 82
복사 · 83
봄 · 84
부식물 · 85
부피 · 86
비 · 87

뿌리 · 88

사막 · 90
사암 · 91
산소 · 92
삼엽충 · 93
생물 · 94
석빙고 · 95
석회암 · 96
성충 · 97
셰일 · 98
소리 · 99
수소 · 100
수증기 · 101

습곡 · 102
습도 · 103
습도계 · 104
식물 · 105
식물의 한살이 · 106
싹 · 107
씨앗 · 108

안개 · 110
알코올램프 · 111
암모나이트 · 112
암석 · 113
액정 · 114
액체 · 115

야행성 동물 · 116
양팔 저울 · 117
어는점 · 118
얼음 · 119
여름 · 120
역암 · 121
염산 · 122
온도 · 123
온도계 · 124
온천 · 125
요오드팅크 · 126
용수철 · 127
용암 · 128
우량계 · 129
우무질 · 130
운반 작용 · 131

운석 · 132
월식 · 133
윗접시 저울 · 134
유수대 · 135
응결 · 136
의태 · 137
이산화탄소 · 138
이슬 · 139
이암 · 140
인공 강우 · 141
일식 · 142
잎 · 143
잎차례 · 144

자기력 · 146
자기장 · 147
자석 · 148
자화 · 149
저울 · 150
전기 에너지 · 151
전류 · 152
줄기 · 153
증발 · 154
지구 · 155
지구 내부 구조 · 156
지진 · 157
지층 · 158
질량 · 159

짝짓기 · 160

침식 작용 · 162

코로나 · 164

탈바꿈 · 166
태생 · 167
태풍 · 168
퇴적암 · 169

퇴적 작용 · 170

풀 · 172
풍력 발전 · 173
풍속 · 174
풍향 · 175
풍화 작용 · 176

ㅎ

해구 · 178
해상 크레인 · 179
해면동물 · 180
행성 · 181

헬륨 · 182

현무암 · 183

현미경 · 184

혼합물 · 187

화산 · 188

화석 · 189

황사 · 190

신나는 과학 교실
뽐내는 과학 실력 · 191

가을

여름과 겨울 사이에 있는 계절이에요.

함께 익히기 봄, 여름, 겨울

가을이 되면 낮의 길이는 점점 짧아지고, 밤의 길이는 길어져요. 여름 동안 덥고, 습하던 날씨가 선선하고 건조한 날씨로 변해요.

가을에는 동물과 식물들이 추운 겨울을 나기 위한 준비를 해요. 동물들은 털갈이를 하고, 겨울잠을 자기 전에 먹이를 잔뜩 먹어 살을 찌우기도 하지요. 식물들은 열매나 씨앗을 맺어 따뜻한 봄에 다시 자라날 준비를 해요.

간수

천연 소금에서 녹아 나온 액체를 말해요.

간수는 천연 소금에 들어 있는 염화마그네슘이라는 물질이 공기 중의 수분을 흡수하여 녹아 나온 물이에요. 굵은 천연 소금 자루 밑에 그릇을 놓아두면 천연 간수를 얻을 수 있어요.

간수를 맛보면 아주 떫은맛이 나는데, 이것은 마그네슘 때문이에요. 콩을 갈아 만든 콩물에 간수를 넣으면 두부가 돼요.

하나 더
두부 만들기

① 불린 콩을 갈아요.　② 콩물을 끓여요.　③ 콩물을 걸러요.　④ 콩물을 다시 끓여요.
⑤ 간수를 넣어요.　⑥ 몽글몽글해진 덩어리를 틀에 넣어요.　⑦ 판으로 눌러 굳혀요.　⑧ 맛있는 두부 완성!

감각 기관

**눈, 코, 귀, 혀, 피부를 통하여
바깥의 어떤 자극을 받아들이는 기관이에요.**

눈, 코, 귀, 혀, 피부를 통해 느끼는 다섯 가지 감각을 다른 말로 '오감'이라고 해요. 이렇게 감각 기관을 통해 받아들여진 자극을 뇌로 보내면 무엇이 보이는지, 무슨 냄새가 나는지, 어떤 소리가 들리는지, 무슨 맛인지, 차가운지 뜨거운지를 알 수 있어요.

귀는 소리를 들을 수 있어요.
눈은 사물을 볼 수 있어요.
코는 냄새를 맡을 수 있어요.
피부는 아픔이나 촉감, 온도 등을 느낄 수 있어요.
혀는 맛을 알 수 있어요.

강

육지에서 넓고 길게 흐르는 커다란 물줄기를 말해요.

함께 익히기 유수대

강은 물이 흐르는 방향과 위치에 따라 상류, 중류, 하류로 나눌 수 있어요. 강의 상류, 중류, 하류는 물이 흐르는 모양이나 작용이 각각 다르기 때문에 돌의 모양이나 주변의 모습을 보면 강의 상류인지, 중류인지, 하류인지 알 수 있어요.

상류
상류는 산골짜기를 따라 흐르는 경우가 많아요. 경사가 급하여 폭포가 있기도 해요. 주변에 있는 바위와 돌은 크고 뾰족하며, 표면은 거칠어요.

중류
중류는 들을 따라 흐르며, 강의 폭이 넓고 경사는 그리 급하지 않아요. 그리고 강이 구불구불하며 냇가에는 모래와 자갈이 많아요.

하류
하류는 바다와 만나는 곳에 있고, 강의 폭도 넓어요. 경사는 거의 없고, 주변의 돌들은 둥글고 모래가 많아요.

갯벌

바닷물이 들어오면 사라지고, 바닷물이 빠지면 보이는 넓고 평평한 땅이에요.

갯벌은 바닷물이 빠졌을 때 밖으로 드러나는 땅으로 강어귀에서도 볼 수 있어요. 다양한 종류의 생물들이 살고 있는 갯벌은 야생 생물들의 중요한 삶의 터전이에요.

갯벌에는 정말 많은 생물들이 살고 있어요.

22

거름

여러 가지 도구를 사용하여 고체 물질을 분리하는 거예요.

함께 익히기 고체, 혼합물

다른 말로 '여과'라고도 하며, 거름종이나 체, 여과기 등을 이용해요. 예를 들어 소금과 모래가 섞여 있는 경우, 물이 담긴 비커에 소금과 모래를 넣어 거름 장치에 거르면 물에 잘 녹는 소금은 거름 장치를 통과하고, 물에 녹지 않는 모래는 거름종이에 남게 되어 따로 모을 수 있어요.

하나 더

거름 장치 만드는 방법

1. 거름종이를 접어요.
2. 거름종이를 깔때기에 끼워요. 거름종이에 물을 조금 묻혀 깔때기에 잘 달라붙게 해요.
3. 깔때기 끝의 길쭉한 부분이 비커의 옆쪽 벽에 닿게 해요.

액체에 잘 녹지 않는 물질은 거름종이에 남기 때문에 서로 분리하여 모을 수 있어요.

겨울

가을과 봄 사이에 있는 계절로 일 년 중 날씨가 가장 추워요.

함께 익히기 봄, 여름, 가을

겨울은 해가 늦게 뜨고, 빨리 져서 낮보다 밤이 길어요.
북쪽의 시베리아 지역에서 찬바람이 불어오기 때문에 날씨는 건조하고 무척 추워요. 그래서 비보다 눈이 오는 경우가 많아요.
그림자의 길이도 사계절 중 가장 긴데, 태양의 남중 고도가 4계절 중 가장 낮기 때문이에요.

겨울눈

식물이 추운 겨울을 잘 나기 위해 봄에 새싹이 될 곳을
비늘잎과 솜털로 보호하는 것을 말해요.

겨울눈을 구분할 때 나중에 꽃이 되는 곳을 '꽃눈'이라고 하고, 잎이 될 곳을 '잎눈'이라고 해요. 그리고 꽃과 잎이 함께 나올 곳은 '섞임눈'이라고 해요.
또 겨울눈이 나는 위치에 따라서도 구분하는데, 나뭇가지의 끝에 붙어 있는 것은 '끝눈', 가지의 곁에 붙어 있는 것은 '곁눈'이라고 해요.
나무들은 추운 겨울을 잘 견디기 위해서 겨울눈만 남겨 두고 잎을 모두 떨어뜨려요. 겨울눈은 비늘잎이나 솜털에 싸여 있어 추위를 잘 견딜 수 있어요.

봄이 되면 잎눈에서 파릇파릇한 잎이 나와요.

꽃눈에서는 예쁜 꽃이 피어요.

겨울잠

추운 겨울을 견디기 위해 동물이 잠을 자는 것을 말해요.

겨울잠을 자는 동물은 개구리, 뱀, 곰, 다람쥐, 거북, 박쥐 등이 있어요. 겨울잠을 자는 방법에 따라 동물 이름을 따서 개구리형, 박쥐형, 곰형으로 나누어요.
개구리형은 개구리처럼 겨울 동안 땅속에서 잠을 자는 거예요.
박쥐형은 몸의 체온을 어느 정도 유지하면서 자는 동물인데, 자다가도 몸의 온도가 낮아지면 몸을 움직여 체온을 올리면서 겨울을 나요.
곰형은 굴속에서 잠을 자다가 어떤 자극이 있으면 다시 활동을 하는데, 겨울잠을 자는 동안 새끼를 낳아 젖을 먹여 키우기도 해요.

동물원에 사는 곰은 따뜻한 잠자리와 먹이가 있어서 겨울이 와도 겨울잠을 안 자요.

겹눈

육각형으로 된 작은 눈이 많이 모여서 된 눈이에요.

겹눈은 곤충류에서 볼 수 있어요. 겹눈은 물체의 모양과 색깔, 움직임을 알아보는 데 유리해요.

각각의 작은 눈을 '낱눈'이라고 하는데, 이 낱눈 하나하나에 수정체가 있고, 그 아래에 망막 세포라고 하는 빛에 민감한 시각 세포들이 있어서 물체를 알아볼 수 있어요.

난 눈이 많아서 움직이는 건 다 보인다고.

겹잎

하나의 잎자루에 여러 개의 잎이 붙어 있어요.

겹잎은 여러 잎이 달린 것처럼 보이지만, 사실은 하나의 잎이 갈라져서 두 개 이상의 작은 잎으로 된 거예요. 작은 잎이 붙어 있는 모습에 따라 깃 모양 겹잎, 3출 겹잎, 손바닥 모양 겹잎 등으로 나누어요. 겹잎을 가진 식물로는 아카시아, 장미, 자귀나무, 으름, 거지덩굴 등이 있어요.

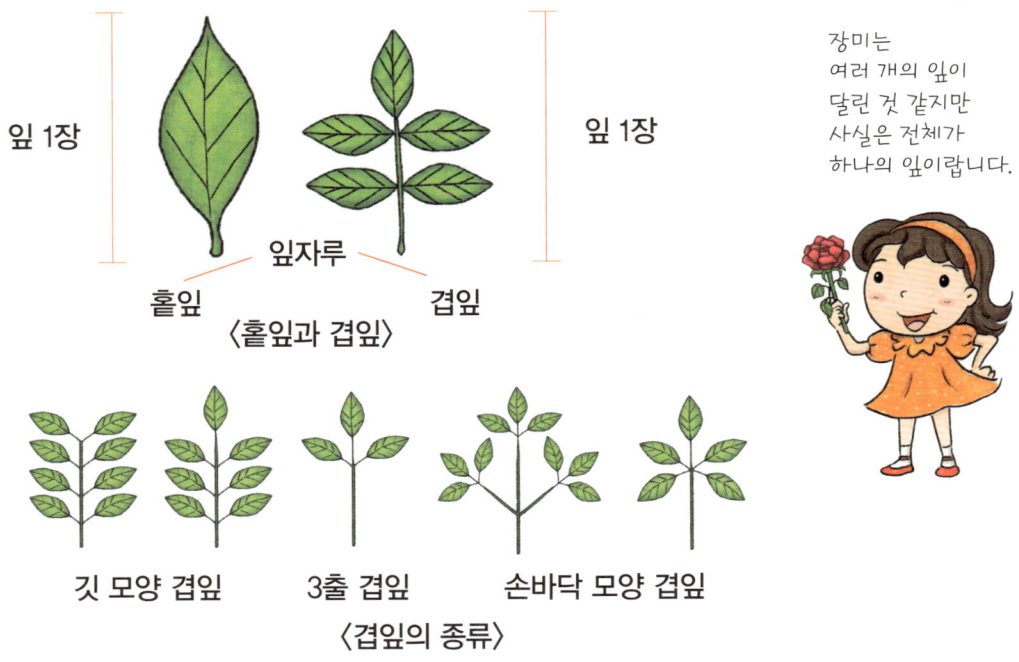

장미는 여러 개의 잎이 달린 것 같지만 사실은 전체가 하나의 잎이랍니다.

고체

일정한 모양과 부피를 가지고 있어서
원래의 모양이 잘 변하지 않는 물체예요.

함께 익히기 기체, 액체

일정한 모양과 부피를 유지할 수 있는 물체를 **고체**라고 해요. 소금, 모래, 암석(돌), 금속, 나무, 얼음 등을 예로 들 수 있어요. 하지만 높은 열을 가하면 단단하게 서로를 붙잡고 있던 힘이 약해지면서 모습이 변하기도 해요.

고체는 일정한 모양과 부피를 가지고 있어요.

고체도 높은 열을 가하면 모습이 변해요.

곤충

몸을 머리, 가슴, 배로 구분할 수 있고,
단단한 외골격으로 싸인 동물을 말해요.

함께 익히기 번데기, 성충, 의태, 탈바꿈

곤충은 지구상에 살고 있는 동물 중 그 수가 가장 많아요. 머리 부분에는 1쌍의 더듬이와 겹눈 1쌍, 홑눈 3개가 있고, 가슴에는 3쌍의 다리와 2쌍의 날개가 달려 있어요. 물론 사슴벌레처럼 날개가 없는 것도 있고, 파리처럼 1쌍인 것도 있지만, 대부분의 경우 날개가 2쌍이에요.

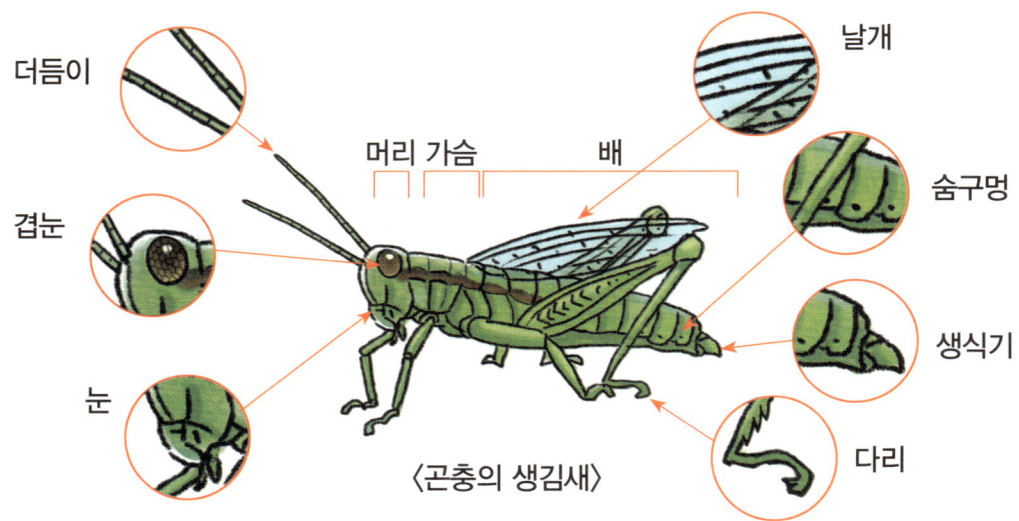

〈곤충의 생김새〉

광원

빛을 낼 수 있는 모든 물체를 말해요.

함께 익히기 레이저

전등, 촛불, 레이저, 태양 등이 모두 **광원**이에요. 스스로 빛을 내는 물체뿐만 아니라 빛이 나는 물체나 장치를 모두 포함해요. 이러한 광원들은 모두 곧게 나가기 때문에 물체의 끝과 그림자의 끝을 이으면 광원의 위치를 알 수 있어요.

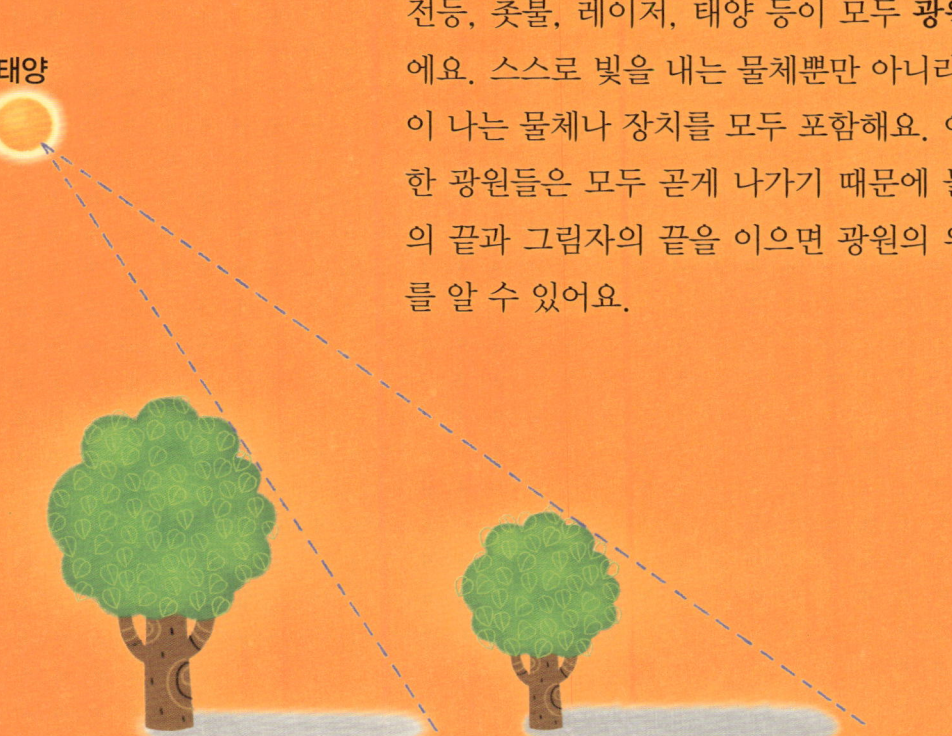

〈광원이 있는 곳을 알아내는 방법〉

구름

공기 중의 수증기가 높은 곳으로 올라가
물방울이나 얼음 결정이 되어 하늘에 떠 있는 것을 말해요.

함께 익히기 대기, 수증기, 안개

공기 중의 작은 수증기가 높은 곳에 올라가면 기온이 낮아져서 물방울이나 얼음 결정이 되고, 이 물방울과 얼음 결정이 먼지 입자 등과 함께 모여 **구름**이 되어요.

이렇게 생긴 구름의 양으로 날씨를 표현하기도 하는데, 구름이 거의 없을 때는 '맑음', 구름이 하늘의 반보다 조금 모자랄 때는 '구름 조금', 구름이 하늘의 반을 넘을 때는 '구름 많음', 구름이 가득 끼어 있을 때는 '흐림'이라고 해요.

그림자

빛이 물체를 만나 가려져서 생기는 어두운 부분이에요.

그림자는 빛이 물체와 만났을때 물체를 통과하지 못하기 때문에 생기는 거예요. 그래서 그림자는 항상 빛(광원)의 반대쪽에 생겨요.

물체가 빛과 가까울 때는 그림자가 크고 흐릿하게 보이고, 빛과 멀리 있을 때는 그림자가 작고 선명하게 보여요.

금속

철이나 구리, 금처럼 단단하고 열과 전기가 잘 통하는 물질이에요.

수은을 제외한 대부분의 금속은 강한 힘으로 두드리거나 잡아당기면 잘 펴지고 잘 늘어나는 성질이 있어요.
철은 자석에 잘 붙고, 물에 잘 녹슬며, 열도 잘 전달해요.
구리는 열은 잘 전달하지만, 자석에는 잘 붙지 않아요.
금은 색이 잘 변하지도 않고, 다른 금속들에 비해 전기도 잘 통하고, 열도 잘 전달해요. 게다가 유연하고, 부식되지도 않아 활용도가 높아요. 하지만 양이 많지 않아 귀하게 쓰여요.

철
철은 못이나 클립, 가윗날, 칼날 등을 만들어.
수력발전소, 송전탑, 철공, 선박, 자동차, 가전제품은 물론 수도관, 송유관, 가스관, 하수도관 등 여러 곳에 사용되고 있어.

구리
구리는 열과 전기를 아주 잘 전달해서 전기선을 만드는 데 사용해.
냄비 같이 열이 가해지는 도구에 많이 사용하지.

금
금은 금속 중에 활용도가 높지만 귀한 금속이라서 많이 쓸 수가 없어.

기상 관측

날씨를 알기 위해 기압, 기온, 습도 등을
관찰하고 측정하는 거예요.

함께 익히기 날씨, 백엽상

기상 관측은 주로 지구 내에서 관측하는 것으로 그 범위가 아주 넓기 때문에 여러 장소에서 관측해요. 높이에 따라 땅 표면, 고층, 초고층에서 기상 관측을 하고, 장소에 따라 땅 위, 바다 위, 산 위에서 조사를 해요. 또한 기상 관측을 위해 라디오존데, 기상 레이더, 기상 위성, 기상 관측 선박, 백엽상 등에서 다양하게 자료를 수집하고 있어요.

〈기상 관측〉

기상청

기온

공기가 얼마나 뜨겁고 차가운지를 숫자로 나타낸 거예요.

함께 익히기 **기상 관측, 대기**

기온은 보통 땅으로부터 1.5m 높이에서의 공기의 온도를 말해요. 실외에서는 주로 백엽상 안에 있는 온도계에서 측정하고, 하늘에서는 철탑에 온도계를 붙여서 측정해요. 그 이상의 높이에서는 체류 기구나 라디오존데를 이용하고 있어요.

기온은 일반적으로 위쪽으로 올라갈수록 낮아지는데, 100m씩 높아질 때마다 0.5℃~0.6℃씩 기온이 낮아져요. 날씨에 따라서 기온은 계속 달라질 수 있어요.

기체

모양과 부피가 쉽게 변하는 물체를 말해요.

함께 익히기 고체, 액체

일정한 부피와 모양을 갖고 있는 고체와 달리 **기체**는 일정한 모양과 부피가 없고, 주변을 채우려는 성질이 있어요.
또한 기체는 눈에 보이지 않고, 손으로 잡을 수 없으며, 힘을 가하면 크기가 쉽게 줄어들어요. 담는 그릇에 따라 모양과 크기가 달라지지요.
하지만 온도를 내리면 액체나 고체로 변해요.

기체는 일정한 모양과 부피가 없어서 다양하게 활용할 수 있어요.

꽃

식물에서 씨앗을 만드는 곳이에요.

함께 익히기 **식물**

꽃은 꽃잎, 꽃받침, 암술과 수술로 이루어져 있어요.
꽃의 중심에는 암술이 있는데, 암술은 암술머리와 암술대, 씨방으로 이루어져 있어요. 암술머리는 암술의 가장 윗부분으로 수술의 꽃가루를 받아 수분(가루받이)이 이루어지는 곳이에요. 암술대는 암술머리와 씨방을 연결하는 부분이며, 가장 아래쪽의 씨방에는 장차 씨앗이 될 밑씨가 들어 있어요.
수술은 꽃가루를 만드는 주머니인 꽃밥(꽃가루 주머니)과 그것을 세워 주는 수술대로 되어 있어요.
꽃잎들은 암술과 수술을 둘러싸서 보호하고 있어요.
꽃받침은 꽃잎을 보호하는 역할을 해요.

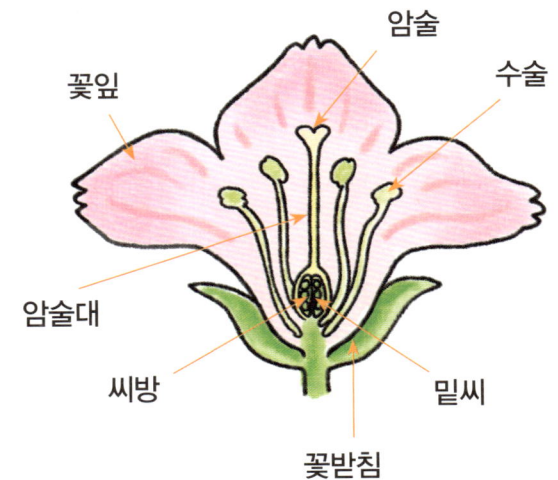

〈복숭아 꽃〉

ㄱㄴㄷ
ㄹㅁㅂㅅ
ㅇㅈㅊㅋ
ㅌㅍㅎ

나노

10억분의 1을 나타내는 분수예요.

1nm(나노미터)는 머리카락 굵기보다 10만 배 정도 작은 크기를 말해요. 전자 현미경을 통해서만 볼 수 있지요. 전자 및 정보통신은 물론 기계, 에너지, 화학 등에 사용되고 있어요. 눈에 보이지 않는 작은 세계까지 측정하고 관찰할 수 있을 뿐 아니라 이를 활용할 수 있기 때문에 나노 기술은 매우 중요하지요.

머리카락이 1nm보다
십만 배나 더 굵어.

나노는 가늘어도
쓸모가 아주 많아!

나이테

나무줄기를 가로로 잘랐을 때 보이는
둥근 모양의 무늬를 말해요.

나무는 여름에는 빨리 자라고, 겨울에는 거의 자라지 않아요.
이처럼 계절에 따라 나무의 성장 속도가 다르기 때문에 **나이테**가 생기지요.
특히 나이테는 우리나라와 같이 4계절이 뚜렷한 지역에서 자라는 나무에 더 잘 나타나요.

이 나무는
계절 변화가 없는 곳에서
자란 나무인가 봐.
나이테가 뚜렷하지 않네.

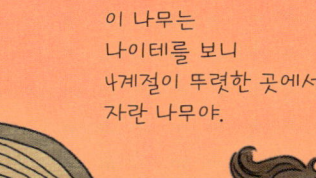

이 나무는
나이테를 보니
4계절이 뚜렷한 곳에서
자란 나무야.

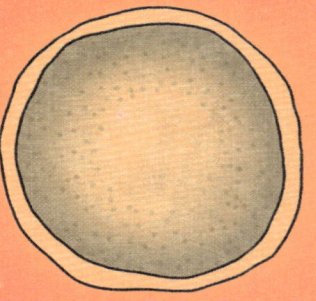

열대 지방 나무의 나이테

온대 지방 나무의 나이테

나침반

방향을 알아볼 때 사용하는 기구예요.

나침반의 바늘은 자석으로 만들어졌어요. 그래서 다른 말로 '자침'이라고 해요. 나침반은 자침이 항상 북쪽과 남쪽을 향하고 있는 성질을 이용해서 만들었어요. 항해나 비행을 할 때 사용해요. 주변에 방향을 알려줄 건물이나 표지판이 없어도 나침반이 있으면 길을 잃지 않고 찾아갈 수 있어요.

 하나 더

나침반 읽는 법

① 지도와 나침반을 평평한 곳에 놓아두세요.
② 지도를 나침반과 같이 북쪽을 위로 향하게 놓은 다음, 나침반을 지도 가운데에 놓으세요.
③ 빨간색 바늘은 북쪽, 반대쪽은 남쪽, 오른쪽은 동쪽, 왼쪽은 서쪽을 가리키므로, 이를 활용해서 지도를 읽거나 길을 찾아가요.

나침반

지구의 북쪽과 나침반이 가리키는 북극은 조금 차이가 있기 때문에 배나 비행기를 운행할 때에는 그 차이를 계산해서 움직여요.

난생

새끼가 알에서 나오는 거예요.

새끼가 알 속에서 자라다가 일정한 시기가 되었을때 알을 깨고 나오는 것을 **난생**이라고 해요. 난생을 하는 동물로는 새, 뱀, 거북, 개구리, 도롱뇽, 대부분의 물고기 등이 있어요.
난생의 경우 많은 수의 알을 낳지만 어미가 보호해 주지 않기 때문에 끝까지 살아남는 수는 그리 많지 않아요.

알을 낳는 것을 난생이라고 해요.

닭과 달걀

구피는 어미 몸 안에서 알을 더 키워서 새끼를 낳는 물고기예요. 그래서 난태생이라고 해요.

구피와 구피 새끼

날씨

비, 구름, 바람, 기온 등 대기의 상태를 말해요.

함께 익히기 기상 관측, 기온, 바람, 비

주로 짧은 기간에 걸친 대기의 상태를 **날씨**라고 하고, 오랜 기간에 걸친 평균적인 대기의 상태를 '기후'라고 해요.

날씨는 우리 생활에 많은 영향을 주기 때문에 아주 중요해요. 예를 들어 날씨가 맑은 날에는 빨래가 잘 말라요. 비가 오면 교통이 복잡하기 때문에 대중교통을 이용하는 것이 좋지요. 너무 더운 날에는 바깥 운동은 하지 않는 것이 좋다는 것도 알 수 있어요. 특히 날씨는 농사나 고기잡이에도 영향을 끼치는데, 비가 너무 적게 오거나 많이 오면 농작물이 잘 자라지 못하고, 태풍이 오면 바다에서 고기잡이를 할 수 없어요. 날씨를 알면 생활하기 편리하지요.

오늘의 날씨는 맑음입니다. 오늘 같은 날에는 이불 빨래를 해도 좋겠죠?

내시경

몸 속에 있는 여러 장기들의 속을 관찰하는 기계예요.

함께 익히기 **렌즈**

위, 대장, 소장 등을 장기라고 하는데, **내시경**은 이러한 몸 속에 있는 장기들을 수술하지 않고 관찰할 수 있도록 만든 기계예요.
내시경에는 여러 형태가 있는데, 소형 카메라를 몸 안에 넣고 직접 관찰하는 것과 광섬유를 이용한 내시경이 있어요. 내시경으로 몸 안의 여러 곳을 관찰하고, 병이 난 부위를 발견하기도 해요. 치료에도 이용하지요.

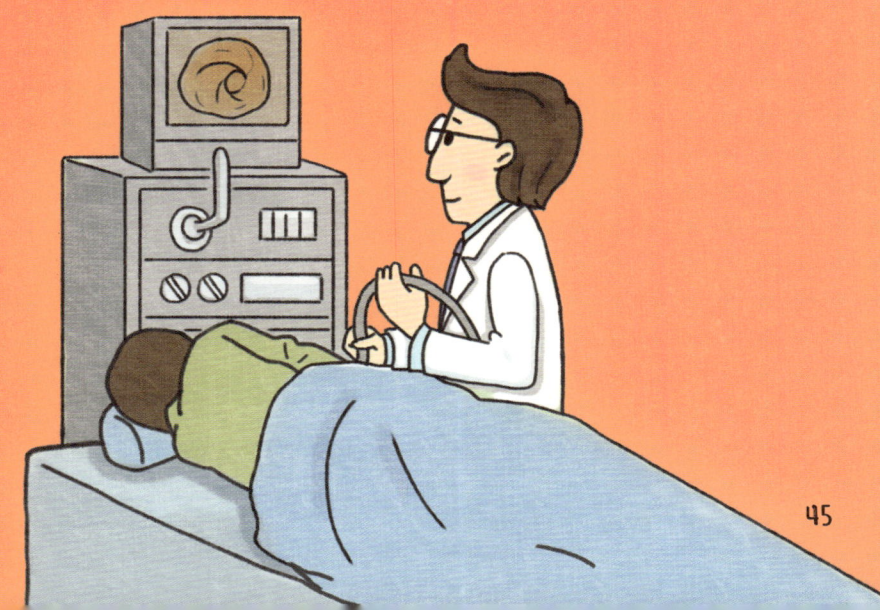

녹는점

고체가 녹아서 액체가 되기 시작할 때의 온도예요.

함께 익히기 어는점

고체에 열을 가해서 일정한 온도에 이르게 되면 녹기 시작하는데, 이때의 온도를 **녹는점**이라고 해요. 이렇게 녹기 시작한 고체는 열을 계속 받아도 다 녹을 때까지는 온도가 더 이상 올라가지 않아요.

녹는점은 물질에 따라 달라요. 그래서 녹는점으로 그 물질이 무엇인지 확인할 수 있어요. 물의 녹는점은 1기압에서 0℃이지요. 반면에 액체가 고체가 되기 시작하는 온도는 어는점이라고 하는데, 보통 어는점과 녹는점의 온도는 같아요.

녹는점(어는점) 내림이란?

어떤 물질에 다른 물질을 넣으면 녹는점의 온도가 내려가는 현상을 말해요.
예를 들어 얼음에 여러 가지 다른 물질 (연탄재, 소금, 염화칼슘 등)을 뿌리면 녹는점의 온도가 0℃보다 낮아져 얼음이 녹는 현상이 나타나요.

눈이 많이 오거나 길이 얼었을 때 염화칼슘을 뿌리면 얼음이나 눈이 녹아서 덜 미끄러워요.

눈

대기 중의 수증기가 얼어서 땅으로 떨어지는 거예요.

함께 익히기 비, 수증기

구름 속에 있던 작은 얼음 결정들이 땅으로 떨어지다가 녹으면 비가 되고, 그렇지 않으면 그대로 떨어져 **눈**(snow)이 되는 거예요.

눈은 일반적으로 6각형 모양의 얼음 결정들로 되어 있지만, 자세히 보면 바늘 모양, 기둥 모양, 널빤지 모양, 나뭇가지 모양 등 다양해요. 이렇게 눈의 모양이 다양한 이유는 눈을 만드는 수증기의 양과 온도가 다르기 때문이에요. 눈은 날씨뿐 아니라 동·식물과 사람들의 생활에도 중요한 영향을 끼쳐요.

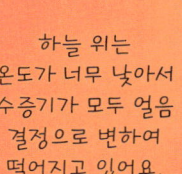

하늘 위는 온도가 너무 낮아서 수증기가 모두 얼음 결정으로 변하여 떨어지고 있어요.

눈금실린더

눈금이 그려진 긴 원통형의 실험 기구로
액체의 부피를 잴 때 사용해요.

눈금실린더는 정확하게 재는 실험보다는 대략적인 부피를 재는 실험에 많이 사용해요.

눈금실린더로 부피를 재는 방법은 먼저 눈금실린더를 편평한 곳에 놓고, 부피를 재려는 액체를 눈금실린더에 부어요. 그리고 눈을 눈금실린더의 눈금에 수평이 되게 맞춘 다음 읽어요.

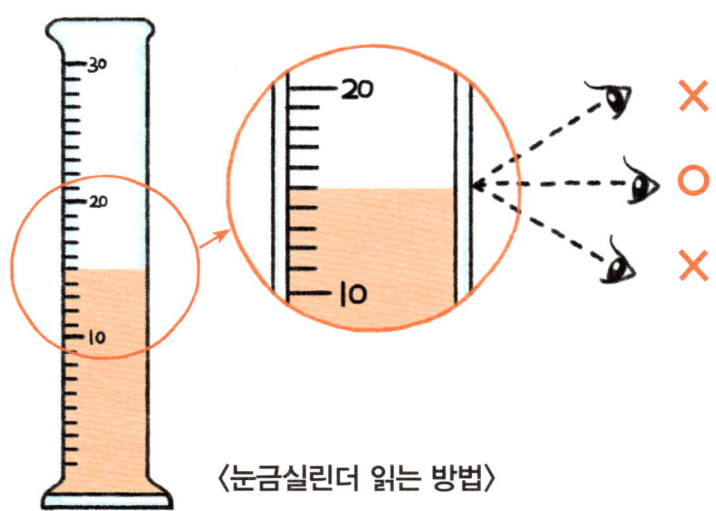

〈눈금실린더 읽는 방법〉

ㄱㄴㄷ
ㄹㅁㅂㅅ
ㅇㅈㅊㅋ
ㅌㅍㅎ

단열

열이 도망가지 않도록 막는 것을 말해요.

겨울에 문이나 창문 틈새를 문풍지로 막는 것이나 보온병에 따뜻한 물을 넣는 것, 두꺼운 옷을 입는 것 등이 **단열**을 위한 방법이에요.

단열을 하기 위해 사용되는 재료를 단열재라고 하는데, 단열재로는 천, 종이, 나무, 공기, 스티로폼 등이 있어요.

털모자와 장갑, 목도리, 털옷 등으로 열이 빠져나가는 것을 막아요.

그런데 난 왜 이렇게 춥지?

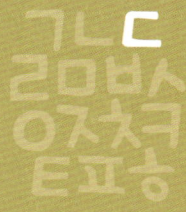

단층

지진이나 지구 내부의 깊은 곳에서 생긴 여러 가지 이유 때문에 땅이 힘을 받아 끊어진 것을 말해요.

함께 익히기 습곡, 암석, 지진, 지층

지진이나 다른 여러 가지 이유로 땅이 힘을 받게 되면 땅덩어리들이 각각 다른 방향으로 이동하거나 부딪치면서 끊어져요.

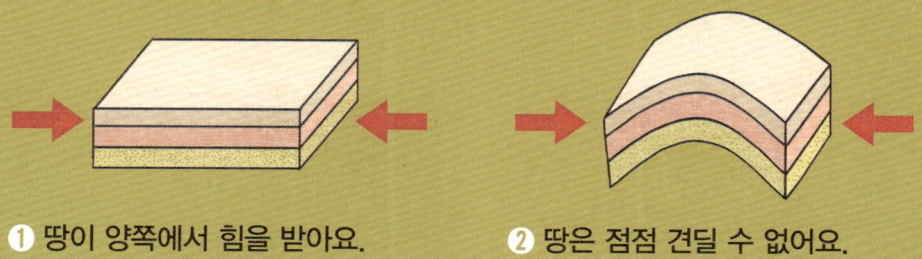

❶ 땅이 양쪽에서 힘을 받아요.　　❷ 땅은 점점 견딜 수 없어요.

❸ 땅이 끊어져 단층이 생겨요.

달

지구의 주위를 돌고 있는 하나뿐인 자연 위성이에요.

함께 익히기 월식, 일식, 지구

달이 지구 주위를 한 바퀴 도는 데 걸리는 시간은 27.32일이에요. 달은 태양보다 더 커 보이지만 사실 달의 반지름은 지구의 약 $\frac{1}{4}$, 태양의 약 $\frac{1}{400}$ 정도예요. 표면에서의 중력도 지구의 약 $\frac{1}{6}$ 정도로 지구에서 몸무게가 60kg중인 사람이 달에서 몸무게를 재면 10kg중 정도예요.

지구에서 보면 달이 스스로 빛을 내는 것처럼 보이지만, 사실은 햇빛을 반사해서 빛을 내는 거예요. 달은 겉으로 보면 매끄럽고 흠이 없어 보이지만, 자세히 관찰하면 표면에 분화구가 많고 울퉁불퉁해요. 공기가 없고 비나 눈, 바람이 불지 않아 생물들이 살기에는 적당하지 않아요.

달

달의 움직임

달은 동쪽에서 떠서 서쪽으로 지는 것처럼 보여요.

함께 익히기 달

지구가 서쪽에서 동쪽으로 스스로 돌기 때문에 달이 동쪽에서 떠서 서쪽으로 지는 것처럼 보이는 거예요. 달의 움직임을 보고 싶으면 보름달을 관찰하면 되어요. 보름달은 해질 때부터 해 뜰 때까지 계속 움직이거든요.
또 달은 뜨는 시간이 매일 달라지는데, 그 이유는 지구가 스스로 도는 동안에 달도 지구 주위를 돌기 때문이에요. 달은 매일 모양이 바뀌면서 50분씩 늦게 떠요.

달은 동쪽에서 떠서 서쪽으로 져요.

동 　　　　　 서

대기

지구의 주위를 둘러싸고 있는 기체를 말해요.

함께 익히기 지구

대기란 일반적으로 지구를 둘러싸고 있는 기체를 말하며, 다른 말로 '공기'라고 해요.

특히 대기는 중력에 의해 붙잡혀 있는 것이기 때문에 중력이 없거나 약한 곳에서는 공기를 붙들 수 없어요.

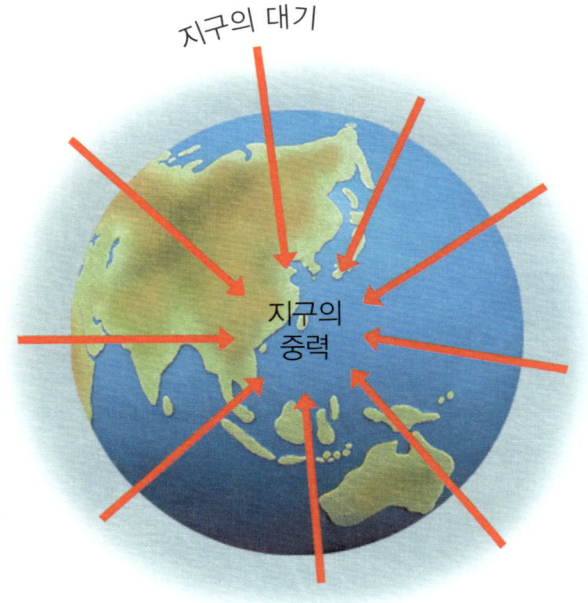

중력이 공기를 도망가지 못하게 잡고 있는 거예요.
중력이 잡아당기지 않으면 공기는 아마 모두 달아나 버릴 거예요.

대류

가열된 기체나 액체가 움직이면서 열이 전달되는 것을 말해요.

함께 익히기 **복사**

기체나 액체에 열을 가하면 온도가 높아진 부분은 부피가 커져서 위로 올라가고, 상대적으로 온도가 낮은 부분은 아래로 내려와요. 이런 과정이 계속되면서 열이 고르게 전달되는 현상을 **대류**라고 해요.

예를 들어 냄비 속의 물이 데워지는 원리도 대류에 의한 것으로 온도가 높아진 물이 위로 올라가고 온도가 낮은 물이 아래로 내려오면서 전체적으로 물이 데워지는 거예요.

그릇에 물을 담고 바닥에만 열을 주어도 대류 현상에 의해서 전체적으로 온도가 올라가요.

도체

열이나 전기가 잘 전달되는 물질이에요.

함께 익히기 금속, 반도체, 전기 에너지

도체는 '열 도체'와 '전기 도체'로 나눌 수 있어요. 열 도체는 열이 잘 통하는 물질이고, 전기 도체는 전기가 잘 통하는 물질이에요. 주로 금속 등이 여기에 속해요.

하지만 금속이 아니어도 전기가 전달되는 경우가 있어요. 예를 들어 물에 젖은 손이 전기에 닿으면 전기가 통하는데, 이는 손에 땀과 함께 몸 밖으로 나온 염분이 남아 있기 때문이에요. 즉, 손에 묻어 있는 염분이 물에 녹아 전기를 잘 통하게 하는 도체가 된 거예요.

반대로 열 또는 전기가 잘 전달되지 않는 것을 '부도체'라고 해요. 부도체에는 플라스틱이나 나무, 유리, 고무 등이 있어요.

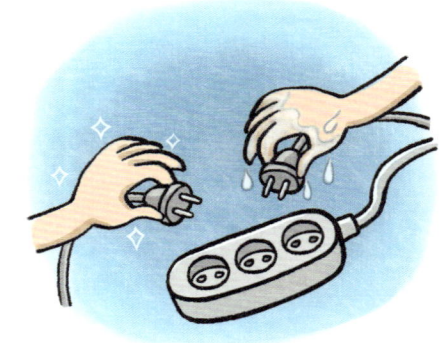

손에 있는 땀이나 분비물 때문에 손이 도체가 되어 전기가 잘 통하게 되는 거예요.

동물

스스로 양분을 만들지 못해 움직이며
먹이를 찾아다니는 생물이에요.

함께 익히기 생물, 식물

동물은 스스로 양분을 만들지 못하기 때문에 돌아다니며 먹이를 찾아요. 그래서 먹이를 찾기 위한 감각 기관들이 잘 발달되어 있어요. 동물들은 크기, 생김새, 사는 곳 등이 다양해서 한 가지로 구분할 수 없어요.
비슷한 것끼리 분류할 수 있는데, 가장 간단하게 분류하는 방법으로는 척추(등뼈)가 있는 동물과 척추가 없는 동물로 나누는 거예요. 척추가 있는 동물에는 사람, 호랑이, 토끼, 닭, 상어, 개구리, 뱀 등이 있고, 척추가 없는 동물에는 곤충류, 거미류, 해파리, 불가사리, 지렁이, 문어 등이 있어요.
또 먹이에 따라 나누기도 해요. 식물을 먹는 초식 동물과 동물을 먹는 육식 동물, 가리지 않고 무엇이든지 잘 먹는 잡식 동물로 나눌 수 있어요.

우리는 이렇게 돌아다니면서 먹이를 찾아야 해요.

동물의 한살이

동물이 태어나서 다 자랄 때까지의 과정이에요.

함께 익히기 동물

개, 소, 말, 돼지, 호랑이, 사자 등은 새끼를 낳는 동물이에요.

새끼를 낳는 동물의 한살이

새끼로 태어나 젖을 먹으며 자라요. → 이빨이 나면서 먹이를 먹기 시작해요. → 다 자란 암컷과 수컷이 만나 짝짓기를 해요. → 짝짓기 후 암컷은 새끼를 가지게 되고, 일정한 시간이 지나면 새끼를 낳아요.

닭, 개구리, 물고기 등은 알을 낳는 동물이에요.

알을 낳는 동물의 한살이

알 → 병아리 → 중닭 → 어미 닭 → 짝짓기 → 알

알 → 올챙이 → 뒷다리가 나옴 → 앞다리가 나옴 → 꼬리가 사라짐 → 짝짓기 → 알

드라이아이스

이산화탄소를 고체 상태로 만든 거예요.

함께 익히기 고체, 이산화탄소

드라이아이스는 온도가 아주 낮은데, 1기압일 때 약 영하 80℃예요. 그래서 손으로 직접 만지면 동상에 걸릴 수 있어요. 이런 차가운 성질 때문에 아이스크림을 멀리까지 가져갈 때 드라이아이스를 함께 넣으면 잘 녹지 않아요. 또 드라이아이스는 온도가 아주 낮기 때문에 일반적인 온도에서는 바로 기체가 되는데, 이렇게 고체에서 바로 기체가 되는 것을 승화라고 해요.

아이스크림 케이크가 녹지 않게 드라이아이스를 넣어 드릴게요.

떡잎

씨앗에서 제일 처음 나오는 잎이에요.

함께 익히기 **식물**

떡잎은 본잎이 나오기 전까지 식물이 잘 자랄 수 있도록 도와주는 역할을 해요. 그래서 떡잎을 미리 떼면 식물이 잘 자라지 못하지요.
떡잎의 수에 따라 식물을 나누기도 하는데, 떡잎이 1장만 있는 식물을 '외떡잎식물'이라고 하고, 떡잎이 2장인 식물을 '쌍떡잎식물'이라고 해요.

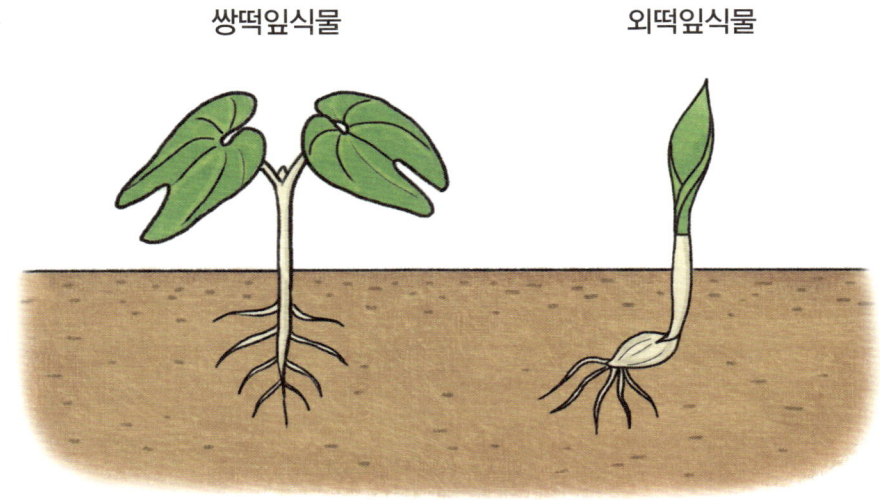

레이저

세기가 아주 강하고, 직선으로 멀리까지 나아가도록 만든 빛이에요.

함께 익히기 **광원**

보통의 빛은 나아가면서 넓게 퍼지고 세기도 점점 약해져요. 반면에 **레이저**는 세기가 강하고, 한 가지 색을 띠며, 지름의 변화가 거의 없이 멀리까지 전달되는 것이 특징이에요.

이러한 레이저를 사용하는 예로 회의나 발표를 할 때 화면의 어떤 부분을 가리키는 데 사용하는 레이저포인터가 있어요. 또 레이저는 의료용 장비로도 많이 이용되고 있는데, 신체의 작은 부분이나 예민한 부분을 자르는 수술을 하는 경우 수술용 절단 기구로 사용하거나 피부를 아름답게 만들기 위한 시술을 할 때 사용해요.

레이저

렌즈

빛을 모으거나 퍼지게 하는 도구예요.

함께 익히기 **현미경**

렌즈는 보통 수정이나 유리를 갈아 투명하게 만들어서 사용해요. 빛이 렌즈와 만나면 두꺼운 쪽으로 꺾여 통과하려는 성질(굴절)이 있는데 이를 이용하여 빛을 모으거나 퍼지게 해요.
가운데가 오목하여 빛을 잘 퍼지게 하는 오목 렌즈와 가운데가 볼록하여 빛을 잘 모으는 볼록 렌즈가 있어요. 렌즈는 보통 안경이나 현미경, 망원경 등에 사용하고 있어요.

저는 가까이 있는 것은 잘 보이지만 멀리 있는 것은 잘 보이지 않아요. 그래서 오목 렌즈로 만든 안경을 써요.

나는 멀리 있는 것은 잘 보이는데 가까이 있는 것이 잘 안 보여. 그래서 볼록 렌즈로 만든 돋보기를 사용하지.

리트머스 종이

액체가 산성인지 염기성인지를 알아볼 수 있는 종이예요.

리트머스 종이에는 붉은색과 푸른색이 있는데, 리트머스라는 이끼에서 얻은 색소로 만들었어요.

식초나 사이다, 주스 같은 산성 용액은 푸른색 리트머스 종이를 붉은색으로 변하게 해요. 락스나 표백제 같은 염기성 용액은 붉은색 리트머스 종이를 푸른색으로 변하게 해요.

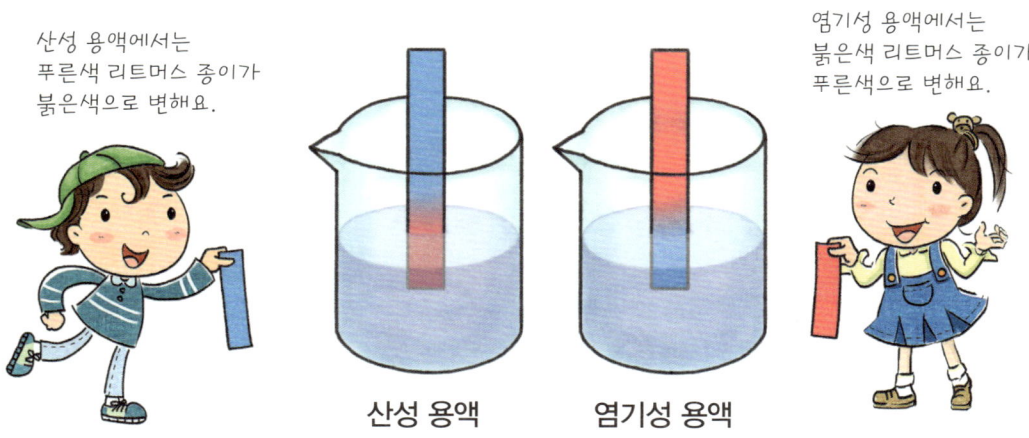

ㄱㄴㄷ
ㄹㅁㅂㅅ
ㅇㅈㅊㅋ
ㅌㅍㅎ

마그마

땅속 깊은 곳에 있는 암석이 높은 열과 압력 때문에 녹아 있는 상태를 말해요.

함께 익히기 암석, 용암, 화산

땅속으로 깊이 내려갈수록 열과 압력이 높아져요. 그래서 땅속 깊은 곳에서는 암석들이 녹아 액체 상태인데, 이것을 **마그마**라고 해요.
이러한 마그마가 땅의 약한 부분을 뚫고 나오는 것이 화산이에요. 이때 땅 밖으로 흘러나와 가스가 빠진 것이 용암이지요. 마그마의 온도는 900~1200℃ 정도이고, 땅 위로 흐르는 용암은 800~1000℃ 정도지요.

무게

중력이 물체를 잡아당기는 힘의 크기예요.

함께 익히기 저울, 질량

지구가 물체를 잡아당기는 힘을 중력이라고 해요. 이 중력이 물체를 잡아당기는 힘의 크기가 **무게**예요. 그래서 중력이 달라지면 무게도 달라져요.
예를 들어 달에서는 지구에서 측정되는 무게에 비해 그 값이 $\frac{1}{6}$로 줄어드는데, 이는 달이 지구보다 중력이 작기 때문이에요.

중력이 아주 작아지면 무게가 줄어들어 떠다닐 수 있어요.

무게 중심

물체에서 모든 무게가 모여 있다고 생각되는 어떤 한 곳을 말해요.

갓 태어난 아기가 목을 잘 가누지 못하거나, 아기가 처음 걸음마를 배울 때 자꾸 넘어지는 것은 **무게 중심**을 잘 잡지 못하기 때문이에요.

물체도 마찬가지로 무게 중심을 잘 잡아야 쓰러지지 않고 수평을 맞추어 세울 수 있어요. 예를 들어 시소를 탈 때 무게 중심이 맞지 않으면 왔다 갔다 할 수 없어요. 그래서 같은 무게일 때는 가운데에 받침점을 두고, 무게가 다를 때는 받침점과의 거리를 다르게 하여 무게 중심을 가운데로 맞춘 다음 시소를 타는 거예요.

〈무게 중심 맞추는 방법〉

물

생물이 살아가는 데 꼭 필요한 물질로 몸의 대부분을 이루고 있어요.

물은 생물의 몸을 구성하고 있는 중요한 물질이에요. 생물에게 물이 중요한 이유는 특별한 성질 때문이지요.

물은 0℃ 이하에서 고체인 얼음이 되고, 100℃ 이상에서 기체인 수증기가 되지요. 그래서 온도의 변화로 물질의 상태가 변하는 것이 다른 물질에 비해 훨씬 어려워요. 또한 온도를 변화시킬 때 많은 에너지가 필요해요. 물은 몸의 온도를 잘 유지할 수 있도록 해요.

얼음은 물보다 부피가 크고 밀도가 작아 물 위에 떠요. 이렇게 물 위에 뜬 얼음이 찬 기운을 막아 주어 물속의 생물들이 추위를 견딜 수 있는 거예요.

물은 다른 물질을 잘 녹이는 성질도 가지고 있어요.

물은 4℃에서 부피가 가장 작고, 밀도가 가장 커요.

물의 순환

물이 모양을 바꾸면서 계속 움직이는 거예요.

함께 익히기 **구름, 눈, 비, 수증기**

땅 위나 바다에서 증발한 수증기는 비나 눈이 되어 다시 땅으로 내려와요. 이때 땅이나 강으로 흘러들어 간 물은 바다로 모이고, 모인 물은 다시 증발하여 하늘로 올라가요. 이렇게 물은 계속 움직이며 도는데, 이것을 **물의 순환**이라고 해요.

물질

물체를 이루는 재료예요.

질량과 부피를 가지고 있어 공간을 차지하는 물건을 '물체'라고 하고, 이를 이루는 재료를 **물질**이라고 해요.
예를 들면 연필이라는 물체는 나무와 흑연이라는 물질로 이루어져 있어요.

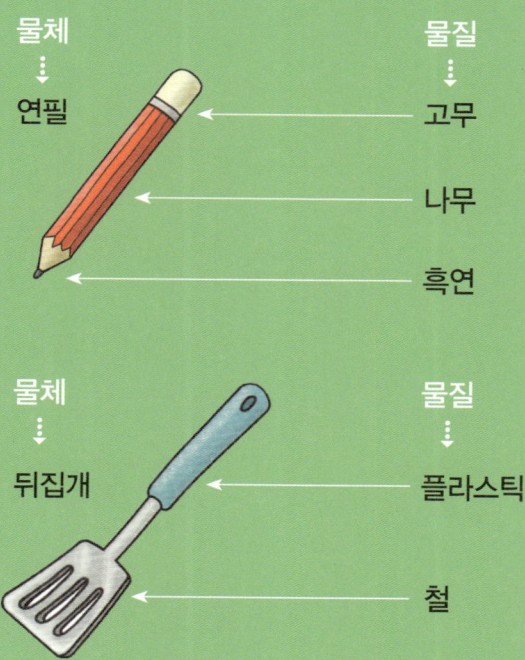

민물

강이나 호수, 지하수, 빙하 등 마실 수 있을 정도의 짜지 않은 물이에요.

함께 익히기 강

민물은 마시기도 하고 농사에도 사용하는 등 우리가 주로 이용하고 있는 물이에요. 지구의 물이 100이라고 가정하면, 그중 3만큼이 민물이고, 나머지 97만큼은 바닷물이에요. 그래서 민물을 계속 활용할 수 있는 방법을 연구하고 있어요. 바닷물을 민물로 바꾸는 시설을 만들어 사용하기도 해요.

밀물

해안에서 바닷물이 육지 쪽으로 들어오는 거예요.

함께 익히기 갯벌

하루에 두 번 바다에서 육지 쪽으로 바닷물이 들어오는데, 이것을 **밀물**이라고 해요. 밀물은 태양과 달이 지구를 잡아당기는 힘과 지구의 자전에 의해 일어나요.

즉, 달 쪽에 있는 바닷물은 달이 잡아당기는 힘 때문에 밀물이 되고, 지구 반대쪽 바닷물은 지구가 회전할 때 생기는 힘 때문에 밀물이 돼요. 그래서 하루에 두 번 밀물이 생기는 거예요. 반대로 바닷물이 육지에서 바다 쪽으로 빠져나가는 것을 '썰물'이라고 해요.

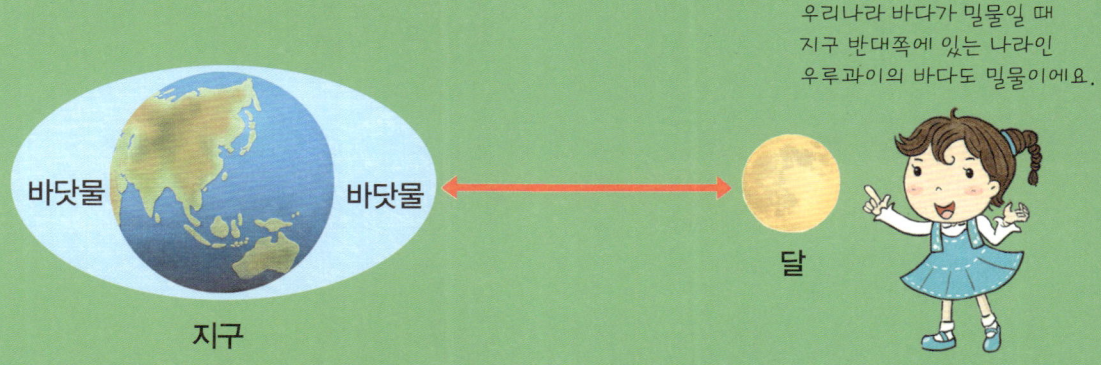

우리나라 바다가 밀물일 때 지구 반대쪽에 있는 나라인 우루과이의 바다도 밀물이에요.

밀도

물질이 가진 질량을 부피로 나눈 거예요.

함께 익히기 부피, 질량

질량이 같을 때에 **밀도**는 부피에 따라 달라져요. 예를 들어 같은 무게라도 보통 쇠는 물에 가라앉지만, 쇠로 만든 배는 물에 떠요. 그 이유는 배로 만들면 부피가 더 커지기 때문에 밀도가 물보다 작아져서 물 위에 뜰 수 있는 거예요. 대부분 물질의 상태가 변하면 밀도가 달라지는데, 물질의 상태가 변할 때 질량은 그대로지만 부피가 달라지기 때문이에요.

ㄱㄴㄷ
ㄹㅁㅂㅅ
ㅇㅈㅊㅋ
ㅌㅍㅎ

바람

공기가 움직이는 거예요.

함께 익히기 풍속, 풍향

공기를 움직이게 하는 가장 큰 힘은 태양이에요. 태양열로 데워진 공기는 위로 올라가고, 위에 있던 차가운 공기는 아래로 내려와요. 이렇게 찬 공기 쪽에서 따뜻한 공기 쪽으로 움직이는 것이 **바람**이에요. 바람은 공기의 압력에 의해서도 움직이는데, 공기의 압력이 높은 곳(고기압)에서 낮은 곳(저기압)으로 움직이지요.

반도체

온도에 따라 도체도 되고,
부도체도 되는 물질이에요.

함께 익히기 **도체**

반도체는 매우 낮은 온도에서는 부도체처럼 전기가 잘 통하지 않지만, 실온에서는 전기가 잘 통하는 도체처럼 행동하는 성질이 있어요. 종류로는 실리콘, 게르마늄, 산화 제일구리 등이 있으며, 전기가 흐르는 것을 잘 조절할 수 있어서 전자 부품에 널리 쓰여요.

반사

빛이나 소리가 다른 물체와 부딪혀서
다시 나오는 거예요.

우리가 사물을 구별하여 볼 수 있는 것은 물체가 빛을 **반사**하기 때문이에요. 거울을 통해 얼굴을 볼 수 있는 것도 반사 때문인데, 거울에 부딪혀 다시 나온 빛이 우리 눈에 들어와 보이는 거예요.

또 우리가 색을 구별할 수 있는 것도 반사 때문이에요. 예를 들어 바다가 파랗게 보이는 것은 다른 빛은 모두 흡수하고 파란빛만 반사하기 때문이에요. 특히 흰색은 모든 빛을 반사해서 흰색으로 보이는 것이고, 검은색은 모든 빛을 흡수해서 검은색으로 보이는 거예요.

노란 튤립은
노란색만 반사하기
때문에 노랗게
보이는 거예요.

반투명

어떤 물체를 통하여 볼 때에
그 반대쪽이 흐릿하게 보이는 것을 말해요.

빛을 완전히 통과시켜 반대쪽이 모두 비치는 것을 투명하다고 해요. 빛을 전혀 통과시키지 않아 물체 건너편이 보이지 않는 것을 불투명하다고 하지요. 하지만 내 모습이나 뒷배경이 흐릿하게 보일 경우에는 **반투명**하다고 해요. 갈색 약병이나 선글라스처럼 반투명한 것은 빛을 조금만 통과시키기 때문에 눈을 보호하거나 물질을 보호하는 데 주로 사용하고 있어요.

백엽상

조그만 집 모양의 흰색 나무 상자 안에 온도계와 습도계 등을
넣어 두고 온도와 습도를 재는 곳이에요.

함께 익히기 습도계, 온도계

백엽상 안에는 최고 최저 온도계와 자기 온도계, 습도계가 설치되어 있어요. 주변의 영향을 최대한 적게 받기 위해 잔디나 풀밭 위에 만들고, 땅으로부터 약 1.2~1.5m 높이에서 잴 수 있도록 만들어요.
이처럼 햇빛과 바람, 비나 눈의 영향을 받지 않고 항상 일정한 조건을 갖추고 있는 백엽상에서 온도와 습도를 측정해야 정확하지요.

번개

구름과 구름, 구름과 땅 사이에서 일어나는 번쩍이는 불꽃이에요.

함께 익히기 **구름**

번개는 큰 소리를 내는 천둥과 함께 나타나며, 여름에 많이 보이는 소나기구름에서 일어나요. 이 구름 속의 물방울들이 서로 부딪쳐서 전기를 띠게 되는데, 이때 순간적으로 번쩍거리는 것을 번개라고 해요.

번개는 우리가 집에서 사용하는 전기인 220볼트보다 훨씬 강한 전기로 1~10억 볼트나 되지요. 그리고 번개가 한번 칠 때 생기는 전기 에너지는 전구 10만 개를 1시간 켤 수 있을 정도로 아주 많은 양이라고 해요.

번데기

애벌레가 성충이 되기 위해 고치를 만들어
그 속에서 움직이지 않고 가만히 있는 몸 상태예요.

함께 익히기 곤충

번데기의 모습을 보면 아무것도 먹지 않고, 움직이지도 않아 그냥 쉬는 것 같지만, 사실은 애벌레에서 성충으로 탈바꿈하는 아주 바쁜 시기예요.

고치란?

곤충의 애벌레가 번데기가 되기 전에 분비물로 만든 껍질이에요. 일반적으로 적의 공격으로부터 몸을 보호하기 위해서 번데기가 되기 전에 미리 만들어요.
누에고치는 사람들이 실을 뽑아 비단을 만들고, 남은 번데기를 먹기도 해요.

번데기

복사

중간에 전달해 주는 물질 없이 열이 직접 전달되는 거예요.

추운 날에도 햇볕을 받으면 따뜻함을 느끼거나, 난로 옆에 있으면 앞은 금방 따뜻함을 느끼는데 뒤쪽은 계속 추운 이유도 모두 열의 복사 때문이에요. **복사**는 물체가 에너지를 가장 빨리 전달하는 방법이에요. 그래서 직접 불을 붙인 것도 아닌데 난로의 열로 인해 옆에 있던 종이에 불이 붙는 경우도 있지요.

하나 더

열의 이동

열은 온도가 높은 곳에서 낮은 곳으로 이동해요. 서로 온도가 같아질 때까지 계속 이동하지요. 열의 이동 방법으로는 대류, 전도, 복사가 있어요.

봄

추운 겨울과 더운 여름 사이에 있는 계절이에요.

함께 익히기 **겨울잠, 황사**

봄은 낮의 길이가 점점 길어지고, 밤의 길이가 짧아지는 시기예요. 겨울 동안 춥던 날씨가 따뜻해지고, 일교차가 심하며, 황사도 자주 와요.
하지만 봄을 기다리던 동물과 식물들은 봄맞이로 바쁘지요. 겨울잠을 자던 동물들은 잠에서 깨어나 활동을 시작하고, 식물들은 새싹을 돋우며, 새로운 잎과 꽃들이 피기 시작해요.

부식물

죽은 생물이나 그 분비물들이 흙과 함께 섞여 있는 것을 말해요.

주로 갈색이나 검정색을 띠는 **부식물**은 식물을 잘 자라게 하고, 흙 속에 사는 동물들의 먹이가 되기도 해요. 부식물이 많은 흙에서 생물들이 더 잘 자라요.

부식물이 없는 흙에서는 생물이 잘 살지 못해요.

부식물이 많은 흙에서는 생물이 잘 살아요.

부피

물체가 가지는 공간을 말해요.

함께 익히기 질량

공간을 많이 차지하면 '부피가 크다'고 하고, 공간을 작게 차지하면 '부피가 작다'고 해요. 같은 무게의 종이라도 펼칠 때와 구겨졌을 때의 부피는 달라져요. 따라서 같은 물질이거나 같은 무게라도 부피는 달라질 수 있어요.

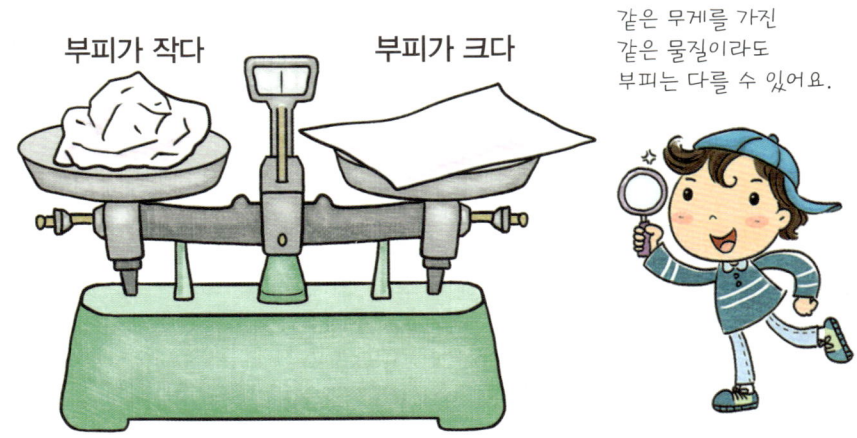

같은 무게를 가진 같은 물질이라도 부피는 다를 수 있어요.

비

수증기가 높은 곳에서 차가운 공기와 만나 물방울이 되어
서로 뭉쳐져서 땅에 떨어지는 거예요.

함께 익히기 구름, 대기, 수증기

물에서 증발된 수증기들이 높은 곳에서 찬 공기와 만나 물방울이 되고, 이것들이 서로 뭉쳐져 구름이 만들어져요. 이 과정에서 물방울들이 더욱 커지게 되면 무거워져 비로 내리는 거예요.

뿌리

줄기가 쓰러지지 않게 지탱해 주는 식물의 한 부분이에요.

함께 익히기 **식물**

뿌리는 주로 땅속에 묻혀 있어서 바람이나 작은 충격에도 잘 견딜 수 있어요. 또한 물과 양분을 흡수하는 역할을 해요.
뿌리는 생긴 모습에 따라 '곧은뿌리'와 '수염뿌리'로 나누어요. 곧은뿌리는 원뿌리와 곁뿌리로 이루어져 있고, 떡잎이 2장인 쌍떡잎식물에서 볼 수 있어요. 수염뿌리는 수염처럼 나 있고, 떡잎이 1장인 외떡잎식물에서 볼 수 있어요.

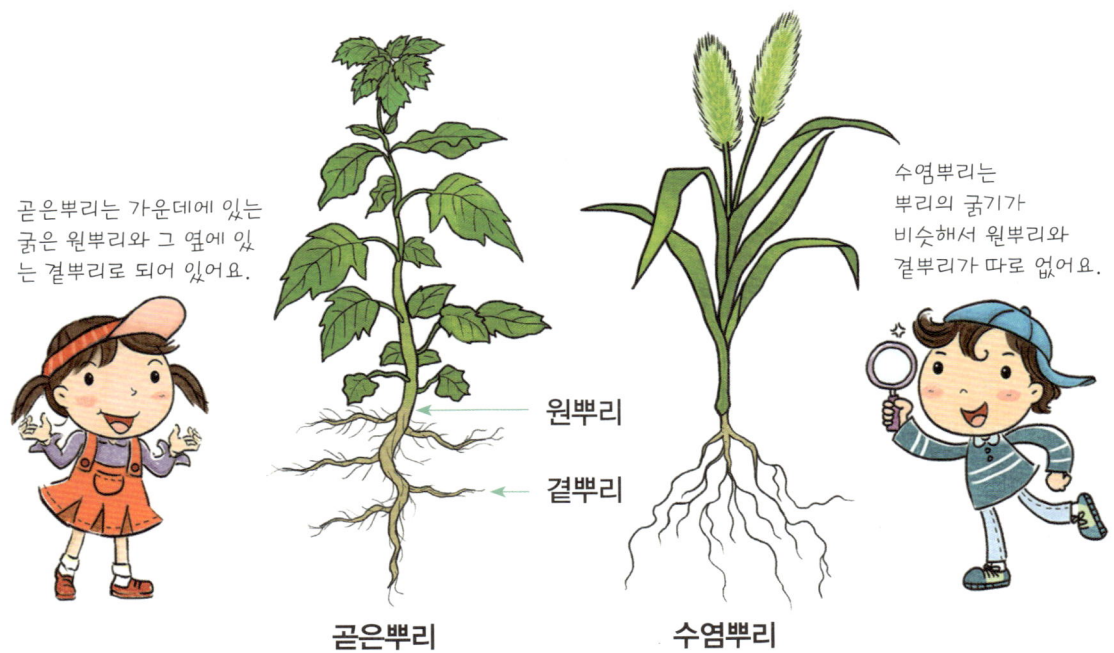

곧은뿌리는 가운데에 있는 굵은 원뿌리와 그 옆에 있는 곁뿌리로 되어 있어요.

수염뿌리는 뿌리의 굵기가 비슷해서 원뿌리와 곁뿌리가 따로 없어요.

곧은뿌리 / 수염뿌리

가나다
라마바사
아자차카
타파하

사막

비가 적게 와서 물이 부족한 곳을 말해요.

일반적으로 1년에 비가 250mm 이하로 내리는 지역을 **사막**이라고 해요. 우리나라에는 1년 동안 약 1300mm 정도의 비가 온다고 해요.
사막에서는 생물이 살기 힘들지만, 생물이 전혀 없는 것은 아니에요.
사막에 사는 생물 중에 선인장은 잎이 바늘처럼 뾰쪽뾰쪽하고, 줄기가 단단하고 둥글어 수분을 많이 저장하고 있어요.
또 낙타는 물을 먹지 않아도 견딜 수 있도록 등에 지방 덩어리 혹을 가지고 있어요.

긴 속눈썹은 모래를 막아 주지요.

혹에 지방이 저장되어 있어 물이나 먹이를 먹지 않아도 오랫동안 견딜 수 있어요.

넓적한 발과 긴 다리는 뜨거운 모래 위를 걷기에 알맞아요.

낙타의 몸은 물이 부족한 사막에서도 잘 살 수 있도록 발달되어 있어요.

사암

모래가 모여서 단단하게 굳어진 암석이에요.

함께 익히기 **퇴적암, 퇴적 작용**

사암은 모래가 쌓여서 굳어진 암석으로 강이나 바닷가에서 많이 볼 수 있어요. 만져 보면 약간 거친 느낌이 나고, 단단하고, 색이 다양하며, 층 무늬가 없어요. 사암은 숫돌이나 절구 등에 사용되고, 건축이나 장식용으로도 많이 사용되고 있어요.

앙코르와트

앙코르와트의 벽은 사암을 붙여서 장식했어요.

산소

눈에 보이지 않으며, 냄새와 색깔, 맛이 없는 기체로
생물이 호흡하는 데 꼭 필요해요.

함께 익히기 식물, 동물

식물의 광합성에 의해 만들어지는 **산소**는 냄새와 색깔이 없어요. 눈에 보이지는 않지만, 공기 중 21퍼센트(%)나 차지하고 있는 기체예요.

특히 산소는 다른 물질을 잘 타도록 도와주는 기체예요. 그래서 용접이나 로켓의 연료를 태우는 것을 돕는 데 사용하고 있어요.

생물은 산소를 통해 몸에 필요한 에너지를 얻기 때문에 산소가 없다면 살아갈 수 없어요.

삼엽충

고생대 캄브리아기에 많이 살았던 동물이에요.

함께 익히기 **화석**

삼엽충은 바다에 살았던 동물로 고생대 캄브리아기에 번성했다가 페름기 말에 사라진 것으로 알려지고 있어요. 지금은 화석으로만 남아 있지요.
몸은 머리, 가슴, 꼬리 세 부분으로 되어 있고, 등에 갑옷처럼 단단한 껍질이 있어서 공격을 당했을 때 몸을 돌돌 말아 적으로부터 몸을 지켰다고 해요. 특히 볼록 솟은 등이 세 부분(좌측, 중앙, 우측)으로 나뉘기 때문에 삼엽충이라고 불러요.

삼엽충 화석

생물

생명을 가지고 스스로 생활하는
상태를 유지하는 물체를 말해요.

함께 익히기 동물, 식물

우리가 흔히 알고 있는 동물과 식물 등이 **생물**에 속하고, 돌이나 바람, 물 등 생명이 없는 것을 비생물이라고 해요. 예를 들어 나무가 땅속에 뿌리를 내리고 있을 때는 생물이지만, 잘려서 땔감이나 책상 등이 되면 비생물이 되는 거예요.

생물과 비생물의 가장 큰 차이점은 생물은 성장하고, 생명에 필요한 물질을 만들고, 자신과 닮은 자손을 남기고, 자극에 반응하며 살아가지만, 비생물은 그렇지 못하다는 거예요.

태양이나 돌은 자손을 낳거나 성장하거나 호흡을 하는 생명 활동이 없으므로 비생물이에요. 이런 것들은 다른 말로 '환경'이라고 해요.

나무가 광합성을 하고, 점점 자라 씨를 맺는 등 생명 현상이 있을 때는 생물이라고 해요.

잘린 나무는 생명 현상이 나타나지 않기 때문에 비생물이라고 해요.

석빙고

옛날에 얼음을 넣어서 보관하던 창고예요.

겨울에 꽁꽁 언 얼음을 **석빙고**에 보관해 두었다가 여름에 사용했어요. 요즘으로 말하면 공동 냉장고라고 할 수 있지요. 석빙고의 구조를 살펴보면 바람이 들어오는 곳에 입구를 만들어 환기를 하고, 벽은 이중벽으로 만들어 단열 효과를 높였어요. 그리고 지붕에 잔디를 심어 태양의 뜨거운 열을 막았고, 내부 중앙에는 물길을 파서 얼음 녹은 물이 바로 빠져 나가게 하여 얼음이 더 많이 녹는 것을 막았어요.

또한 얼음은 왕겨나 짚으로 싸서 보관했어요. 그 이유는 얼음이 녹으면서 주변의 열을 흡수하게 되는데, 왕겨나 짚으로 싸 놓으면 안쪽 온도를 낮춰 얼음을 오랫동안 보관할 수 있기 때문이에요.

석빙고

석회암

조개껍데기나 동물의 뼈 등이 쌓여서 된 암석이에요.

함께 익히기 이산화탄소

석회암은 조개껍데기나 새우의 껍질, 죽은 동물의 뼈 등에 있던 탄산칼슘이 물속에 녹아 있다가 가라앉아 생긴 거예요. 시멘트, 석회, 비료 등의 재료로 사용되고 있으며, 석회암에 묽은 염산을 뿌리면 거품이 생기는데, 이 거품이 이산화탄소예요.

또 석회암은 이산화탄소를 녹인 물(탄산수)에 잘 녹아요. 그래서 큰 석회암이 있는 곳에 탄산수가 흐르면 녹아서 구멍이 생기는데, 이것이 바로 석회암 동굴이에요.
석회암이 높은 열과 압력을 받으면 대리암(대리석)으로 변하지요.

석회암 동굴

성충

다 자란 곤충이에요.

함께 익히기 곤충, 번데기, 탈바꿈

곤충은 자라는 동안 모습이 여러 번 바뀌는데 그때마다 부르는 이름이 달라요. 알에서 갓 태어난 어린벌레는 '애벌레'라고 부르고, 고치를 틀고 움직이지 않고 있으면 '번데기'라고 해요. 그리고 다 자란 어른벌레는 **성충**이라고 해요. 성충이 되면 짝짓기를 하고 자손을 낳을 수 있어요.

셰일

진흙이나 아주 작은 흙, 모래 등으로 만들어진 암석이에요.

함께 익히기 이암

양파 속처럼 겹겹이 쌓인 구조를 층상 구조라고 하는데, **셰일**은 이 층상 구조를 가지고 있어요. 그래서 한쪽 방향으로 쪼개지기 쉬우며, 주변에서 가장 흔하게 볼 수 있는 암석이에요. 이암도 셰일처럼 진흙으로 만들어지지만 층상 구조는 없지요.

층상 구조

셰일

소리

물체가 떨려서 생긴 진동이 다른 곳으로 전달되어 들리는 거예요.

함께 익히기 초음파

소리는 떨려서 생기는 진동에 의해 전달되는데, 이 진동이 사람이나 동물의 귓속을 자극하여 뇌까지 전달되어 어떤 소리인지 알 수 있는 거예요.
동물마다 소리를 내고 들을 수 있는 진동수는 정해져 있어요.
사람은 약 20~20,000 헤르츠(Hz) 정도의 진동을 들을 수 있어요. 다시 말해서 1초에 20~20,000번 진동하는 것을 소리로 들을 수 있는 거예요.
20,000 헤르츠(Hz) 이상의 소리는 초음파라고 하는데, 사람은 이 소리를 잘 들을 수 없지만, 돌고래나 박쥐 등은 들을 수 있어요.

아기의 울음소리가 공기를 떨리게 해서 엄마에게까지 전달되는 거예요.

수소

색과 냄새가 전혀 없고, 가장 가벼운 기체예요.

함께 익히기 산소, 헬륨

수소는 가벼운 성질 때문에 예전에는 하늘을 나는 기구나 비행선의 기체로 사용했어요. 하지만 폭발성을 가지고 있어서 매우 위험하다는 것을 알게 된 다음부터는 사용하지 않고 있어요.

수소의 폭발성을 이용해서 수소폭탄을 만들어 전쟁에서 큰 피해를 입히기도 했지만, 요즘은 수소를 청정 연료와 미래 에너지로 활용하기 위해 많은 연구를 하고 있어요.

수소는 위험하지만, 안전하게 활용하면 세상을 깨끗하고 편리하게 만들 수 있어요.

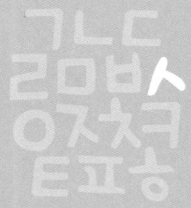

수증기

눈에 보이지 않는 기체 상태의 물이에요.

함께 익히기 **구름, 기체**

수증기는 액체 상태의 물이 증발하거나, 고체 상태인 얼음이 기체로 바뀌는 승화를 통해 만들어져요. 눈으로는 잘 볼 수 없을 정도로 작지만, 공기 중에 남아서 열을 지구 밖으로 나가지 못하게 하거나 구름을 만들어 비나 눈이 되어 다시 땅으로 돌아가는 데 큰 역할을 해요.

습곡

땅이 양쪽에서 미는 힘을 받아서 휘어진 것을 말해요.

함께 익히기 단층, 지층

습곡은 양쪽에서 미는 힘 때문에 물결처럼 휘어진 땅을 말해요. 습곡에는 '배사'와 '향사' 두 부분이 있어요. 배사는 위로 볼록하게 솟아오른 부분이고, 향사는 아래로 움푹 들어간 부분이에요.

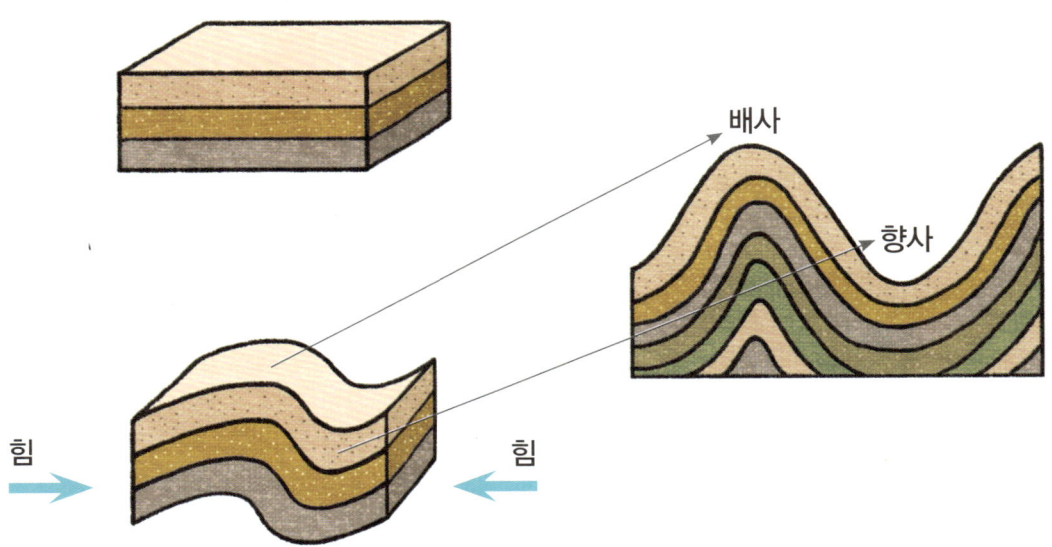

습도

공기 중에 있는 수증기의 양을 나타낸 거예요.

함께 익히기 습도계

습도에는 '상대 습도'와 '절대 습도'가 있어요. 우리가 일기 예보에서 말하는 습도는 보통 상대 습도를 말하는 거예요.

상대 습도는 현재 수증기량을 실제로 포함할 수 있는 최대 수증기량으로 나누어 100을 곱한 거예요. 그래서 공기 중에 수증기가 많으면 상대 습도가 높고, 수증기 양이 적으면 상대 습도가 낮아져요.

반면에 절대 습도는 가로 1m, 세로 1m, 높이 1m의 상자 안에 포함되어 있는 수증기의 양을 뜻해요. 즉, 지금 공기가 얼마만큼의 수증기를 포함하고 있느냐를 알 수 있어요. 그러므로 같은 양의 수증기가 있을 경우에 절대 습도는 같지만, 온도가 낮아질수록 상대 습도는 높아져요.

새벽에 기온이 내려가면 상대 습도는 높아져요.

습도계

습도를 재는 기구예요.

함께 익히기 습도

습도계는 공기 중에 있는 수증기의 양을 재는 기구로 온실이나 백엽상, 사우나 등에서 많이 사용하고 있어요.

습도계의 종류로는 건습구 습도계, 모발 습도계, 자기 습도계, 이슬점 습도계 등이 있고, 사용하려는 목적에 맞게 선택하여 쓸 수 있어요.

습도계의 종류	
건습구 습도계	두 개의 온도계 중 한 개는 물에 담긴 천이 달려 있어요. 두 온도계에 나타나는 온도 차를 이용하는 습도계예요.
모발 습도계	머리카락이 습기를 품으면 늘어나고, 마르면 오그라드는 성질을 이용하여 상대 습도를 재는 기구예요.
자기 습도계	자동적으로 습도의 변화를 기록하는 습도계예요.
이슬점 습도계	이슬이 되는 온도를 재서 습도를 구하는 습도계예요. 공기 가운데 금속판을 차갑게 하여 두고, 그 표면에 물방울이 생길 때 온도를 재요.

식물

양분을 스스로 만들어 살아갈 수 있는 생물이에요.

함께 익히기 뿌리, 잎, 줄기

나무나 풀 등이 **식물**에 속해요. 식물은 스스로 영양분을 만들 수 있기 때문에 먹이를 찾아다니지 않지요. 식물은 광합성 하여 양분과 산소를 만드는데, 광합성을 위해서는 물과 이산화탄소와 빛이 필요해요.

식물은 꽃이 피는 식물과 꽃이 피지 않는 식물로 나눌 수 있어요. 꽃이 피는 식물은 씨로 번식하며, 장미, 봉숭아, 진달래, 민들레, 무궁화, 목련, 벼, 옥수수, 소나무, 제비꽃 등이 있어요.

꽃이 피지 않는 식물은 포자로 번식하며 우산이끼, 고사리, 고비, 솔이끼, 해캄, 곰팡이, 버섯, 파래, 김, 미역 등이 있어요.

그리고 사는 곳에 따라서 물속에 사는 식물, 물 위에 사는 식물, 땅에 사는 식물, 사막에 사는 식물 등으로 나누기도 해요.

식물의 한살이

식물의 씨앗이 점점 자라 다시 씨앗을 맺는 과정을 말해요.

함께 익히기 꽃, 식물, 잎

식물의 종류에 따라 한살이의 모습은 다르지만, 보통 땅에 씨앗을 심고, 싹이 트고, 줄기와 잎이 나고, 꽃이 피어 열매나 씨앗을 맺는 과정을 반복해요.

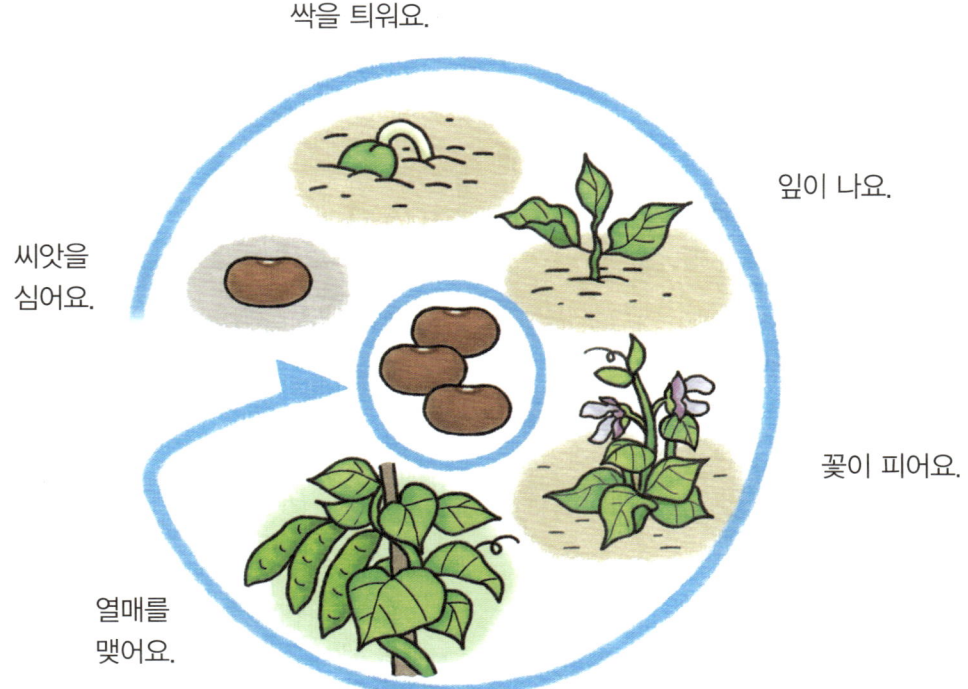

싹

식물에서 처음 돋아나는 어린잎이나 줄기를 말해요.

함께 익히기 떡잎, 식물

싹이 트려면 알맞은 온도와 영양분, 햇빛, 물, 공기가 필요해요. 이러한 조건이 갖추어지면 싹을 틔워 잘 자랄 수 있어요.
예를 들어 씨앗은 물과 온도가 적당하면 껍질이 벌어지면서 싹이 나고 땅 위로 올라와요. 이때 어린 뿌리가 먼저 나오고, 그 다음에 떡잎이 나와요.

〈싹이 트는 과정〉
싹이 나요. / 어린 뿌리가 나오고, 떡잎이 나요. / 본잎이 자라요.

씨앗(씨)

함께 익히기 식물, 식물의 한살이

식물은 자손을 번식하고, 멀리 퍼져서 잘 자랄 수 있게 하기 위해 **씨앗**을 만들어요.

이렇게 씨앗이 있는 식물에는 밑씨를 속 안에 보호하고 있는 '속씨식물'과 씨앗이 밖으로 나와 있는 '겉씨식물'이 있어요.

씨앗의 생김새를 살펴보면 겉에 단단한 껍질이 있고, 안쪽에 배와 배젖, 떡잎이 있어요.

〈씨앗이 생기는 과정〉

꽃이 핀다. → 꽃가루받이를 한다. → 꽃이 진다. → 씨앗이나 씨앗을 가진 열매가 생긴다.

꽃가루받이란 수술에 있는 꽃가루가 암술 머리에 붙는 거예요.

가나다 2마법사 ㅇ자석 E표ㅎ

안개

공기 중에 떠다니던 수증기가 땅 근처에서 찬 공기와 만나 작은 물방울로 떠 있는 것을 말해요.

함께 익히기 수증기

공기 중의 수증기가 높은 곳에 올라가 물방울이 되면 '구름'이라고 부르고, 땅 근처에서 만들어져 떠 있으면 **안개**라고 해요. 그리고 물체 표면에 물방울이 생기면 '이슬'이라고 해요.

안개는 공기 중에 수증기가 많고, 온도 차가 클 때 잘 생겨요. 안개는 온도가 갑자기 내려가는 새벽부터 이른 아침 사이에 많이 볼 수 있어요.

안개와 이슬은 수증기가 찬 공기와 만나서 된 물방울로 만들어져요.

알코올램프

알코올을 연료로 사용하는 가열 장치예요.

과학 실험을 할 때 많이 사용하는 것으로 알코올을 담아 쓰는 용기와 불을 붙이는 심지, 심지와 알코올을 분리시키는 애자, 뚜껑으로 되어 있어요. 사용법은 간단하지만 알코올은 불이 쉽게 붙기 때문에 조심해서 사용해야 해요.

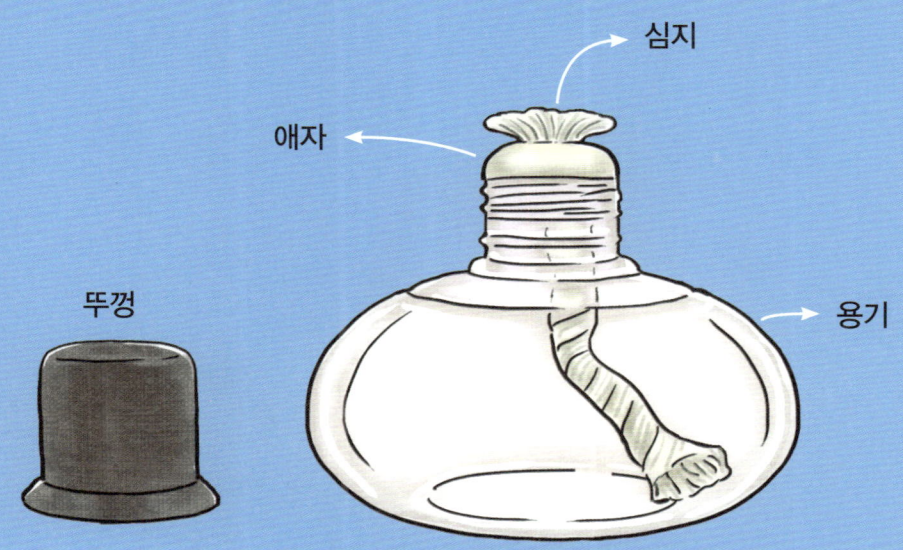

암모나이트

고생대에 나타나 중생대에 번성하다 사라진 생물이에요.

함께 익히기 화석

암모나이트는 바다에 살았으며, 나선형의 딱딱한 껍데기를 가지고 있는 육식성 동물이었다고 해요. 지금은 딱딱한 껍질만이 화석으로 남아 있어 그 원형은 잘 알 수 없지만, 오징어나 문어, 앵무조개와 같은 연체동물 종류일 것이라고 추측하고 있어요.

암모나이트 화석

암모나이트 화석은 중생대를 대표하는 화석 중 하나예요.

암석

땅을 구성하고 있는 단단한 고체 물질이에요.

함께 익히기 사암, 역암, 이암, 퇴적암, 현무암

암석은 화성암, 퇴적암, 변성암으로 나누어요.
화성암은 땅속의 마그마가 땅 위로 나오거나 땅속에서 식은 뒤 굳어져서 만들어진 암석으로 현무암과 화강암이 있어요.
퇴적암은 자갈, 모래, 진흙 등이 바다나 호수의 밑바닥에 쌓여 굳어진 암석으로 이암, 사암, 역암이 있어요.
변성암은 암석들이 땅속에서 뜨거운 열과 압력을 받아 변하여 이루어진 암석으로 편마암, 규암, 대리암 등이 있어요.
물이 순환하는 것처럼 암석도 순환을 해요. 이 세 가지 암석들은 오랜 시간 동안 계속 부서지고 쌓이고, 마그마처럼 액체 형태가 되었다가 다시 굳어지기도 해요. 또 열과 압력을 받아 성질과 성분들이 변하기도 하지요.

액정

액체와 고체의 중간 상태의 성질을 가진 물질이에요.

함께 익히기 고체, 액체

액정은 겉으로 볼 때는 액체이지만 빛의 방향을 바꾸어 주는 고체의 성질도 가지고 있어요. 이런 액정 분자들을 사방이 막힌 유리판 사이에 넣은 것이 액정 표시 장치(LCD)예요. 액정 표시 장치는 휴대폰이나 TV, 시계 화면에 많이 사용되고 있어요.

액체

일정한 모양을 가지지 못하고
흐르는 성질을 가진 물질이에요.

함께 익히기 고체, 기체

서로 모여 있는 힘이 **액체**가 기체보다 강하지만, 고체보다는 약해요. 그래서 일정한 모양을 가지지 못하고 담는 그릇에 따라 모양이 달라져요. 종류로는 물, 아세톤, 알코올, 사이다, 주스 등이 있어요.

야행성 동물

밤에 활동하는 동물이에요.

야행성 동물은 더위와 천적을 피하기 위해 밤에 활동해요. 생김새도 밤에 활동하는 데 알맞게 적응되어 있지요. 냄새를 잘 맡는 코를 가지고 있거나 큰 눈과 예민한 귀를 가진 동물이 많아요.

박쥐, 이리, 부엉이 등이 야행성 동물에 속해요. 눈이 거의 보이지 않는 박쥐는 초음파를 이용해서 먹이를 찾아요.

양팔 저울

저울의 받침점에서 양끝까지의 거리가 같고,
수평을 잡아 무게를 재는 기구예요.

함께 익히기 **용수철, 질량**

양팔 저울에 물체를 올려놓으면 무거운 물체 쪽이 내려가는데, 이때 수평을 맞추면 무게를 잴 수 있어요. 양팔 저울로 무게를 잴 경우, 한쪽 끝에는 무게를 재려는 물체를 두고, 다른 쪽에는 기준이 될 추나 분동 같은 물체를 올려놓아 수평잡기를 해서 재요.

수평잡기

수평잡기란, 어느 한쪽으로도 기울어지지 않는 상태로 만드는 거예요.
수평을 잡기 위해서는 양쪽에 같은 무게를 올려놓아야 해요.
같은 무게가 아닐 경우에는 수평을 잡기 위해 물체의 위치를 바꾸어 무게 중심을 옮기거나 받침점의 위치를 옮겨야 수평을 잡을 수 있어요.

어는점

액체가 얼어서 고체가 되기 시작할 때의 온도예요.

함께 익히기 <u>녹는점</u>

어는점은 액체가 고체가 되기 시작하는 온도를 말하며, 압력에 따라 달라지기 때문에 1기압일 때를 기준으로 하고 있어요. 예를 들어 물의 어는점은 1기압일 때 0℃예요. 다른 물질과 혼합하면 어는점이 내려가는데, 대표적인 것이 바닷물이에요. 추운 겨울에도 바닷물이 잘 얼지 않는 것은 순수한 물보다 어는점이 더 낮기 때문이에요.

자동차에 부동액을 넣으면 어는점이 내려가서 엔진의 냉각수를 얼지 않게 도와줘요.

얼음

물이 고체 상태로 변한 거예요.

함께 익히기 물, 밀도

온도가 0℃ 아래로 내려가면 물은 고체 상태인 **얼음**으로 변해요. 얼음은 액체일 때보다 고체일 때 부피가 더 커져요. 그래서 물을 얼릴 때 약간의 여유 공간을 두지 않으면 터져 버려요. 또 얼음은 물에 뜨기 때문에 겨울에 강이나 냇물 위를 걸어서 건널 수도 있어요.

물이 얼음이 되면 부피가 커서 물 위에 떠요.

여름

봄과 가을 사이에 있는 계절로 1년 중에 가장 더워요.

함께 익히기 가을, 겨울, 봄

여름은 낮의 길이가 길고, 밤의 길이는 짧아 활동할 수 있는 시간이 많아요. 여름 날씨는 남쪽 바다에서 불어오는 바람 때문에 습기가 많고, 온도도 높아요. 여름에는 태풍이 와서 피해를 입기도 해요.

계절이 생기는 이유는 지구가 약간 기울어진 상태로 태양 주위를 일 년에 한 바퀴씩 돌기 때문이에요.
특히 여름에는 태양 빛을 거의 똑바로 받기 때문에 덥고, 겨울에는 약간 기울어진 상태로 태양 빛을 받기 때문에 추운 거예요.

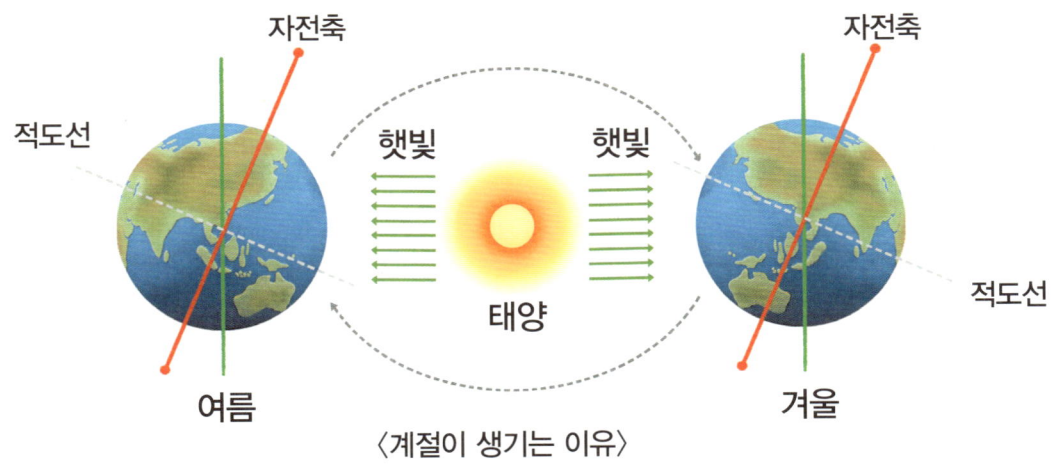

〈계절이 생기는 이유〉

역암

자갈들 사이에 모래와 진흙이 함께 쌓여서 굳은 암석이에요.

함께 익히기 암석, 퇴적암

역암은 자갈이 많은 것이 특징으로 굵은 자갈이 분명하게 보여요. 못으로 긁어도 긁히지 않을 정도로 단단하고 색깔도 다양하게 나타나요. 또한 만지면 거칠거칠한 느낌이 나며, 자갈의 크기가 다양하기 때문에 모양도 여러 가지예요.

하나 더

자갈과 모래와 진흙

자갈, 모래, 진흙은 알갱이의 크기가 서로 달라요.
자갈은 알갱이의 지름이 2mm보다 큰 것을 말하며, 모래는 $2 \sim \frac{1}{16}$ mm, 진흙은 $\frac{1}{16}$ mm보다 작은 것을 말해요. 쉽게 말하면 자갈이 가장 크고, 그 다음은 모래, 그 다음은 알갱이가 잘 보이지 않을 정도로 작고 고운 진흙이에요.

염산

염화수소를 물에 녹여서 만든 용액이에요.

염화수소를 물에 녹이면 **염산**이 되는데, 이것이 피부에 닿으면 심한 화상을 입게 되고, 마실 경우에는 몸속의 장기가 녹을 수 있으니 조심해야 해요.
실험실에서 사용하는 염산은 물을 많이 넣은 묽은 염산이에요. 그래도 보안경과 실험복, 장갑 등 보호 장비를 꼭 착용하고 실험해야 안전해요. 그리고 냄새를 맡지 말고, 잘 밀폐된 용기에 보관해야 해요. 또한 환기 시설이 잘 되는 곳에서만 만져야 하며, 사용 후에는 반드시 손을 깨끗이 씻어야 하지요.

염산은 위험한 용액이니 절대 장난치면서 실험하면 안 돼요.

온도

따뜻하거나 차가운 정도를 말해요.

함께 익히기 온도계

온도는 따뜻하거나 차가운 정도를 숫자로 나타낸 거예요.
뜨거운 물질일수록 온도를 나타내는 숫자는 커져요.

온도는 물체의 차고 뜨거운 정도를 숫자로 나타낸 거예요.

온도계

온도를 잴 수 있는 기구예요.

함께 익히기 온도

온도계는 온도가 올라감에 따라 수은이나 알코올의 부피가 늘어나는 성질을 이용해 만들었어요.
온도계의 종류에는 수은 온도계, 알코올 온도계, 디지털 온도계, 체온계, 최고 최저 온도계 등이 있어요.

이 온도계가 나타내는 온도는 '32°C'로 '섭씨 삼십이도'라고 읽어요.

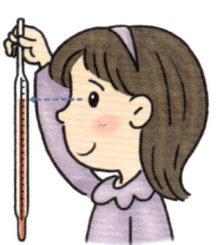

〈온도계 읽는 방법〉

온천

화산 활동이나 마그마 등에 의해
데워진 지하수가 밖으로 나오는 거예요.

함께 익히기 마그마, 용암

온천의 온도가 특별히 정해진 것은 아니지만 우리나라에서는 25℃ 이상으로 정하고 있어요. 대부분 화산 활동이 많은 지역에서 발견되고 있지만, 어떤 온천들은 화산 활동과 관련이 없는 것도 있어요. 이런 경우의 온천은 지구 깊은 곳의 온도가 높아지면서 암석의 온도가 높아지고 바로 그 위에 있는 지하수의 온도가 높아져 생긴 거예요.

요오드팅크

요오드와 요오드화칼륨을 알코올에 녹인 용액이에요.

어두운 붉은 갈색을 띠며, 묽게 만들어서 소독하는 데 사용해요. 과학 실험에서는 주로 가루 물질의 성질을 알아보는 데 쓰지요.
특히 녹말에 이 국액을 떨어뜨리면 청색이나 보라색으로 변하는 성질이 있어서 물질에 녹말이 들어 있는지 없는지 알아볼 때 주로 사용하고 있어요.

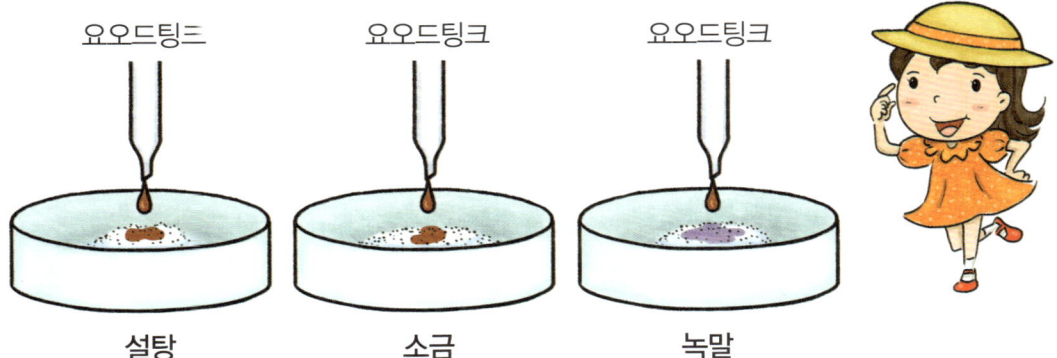

설탕과 소금은 변화가 없지만, 녹말에 요오드팅크를 떨어뜨리면 청색이나 보라색으로 변해요.

용수철

늘어났다가 다시 원래대로 돌아오는 성질을 가진 쇠줄이에요.

늘어났다가 다시 원래대로 돌아오는 성질을 '탄성'이라고 하는데, **용수철**은 탄성을 가진 쇠줄이에요. 용수철의 탄성을 이용하여 저울이나 장난감, 기계 부속 장치 등을 만들 수 있어요.

하나 더

용수철로 무게 재기

용수철에 물체를 달면 지구가 물체를 당기는 힘(중력) 때문에 용수철이 늘어나요. 무거운 물체일수록 더 많이 늘어나게 돼요. 용수철이 늘어난 길이를 보고 물체의 무게를 비교할 수 있어요.

추가 하나씩 늘어날 때마다 용수철 길이도 더 많이 늘어나요. 늘어난 길이를 숫자로 표현하면 용수철저울이 되지요.

용암

땅 밖으로 나온 마그마예요.

함께 익히기 마그마, 화산

땅속에 있던 마그마가 땅의 약한 부분을 뚫고 밖으로 나온 것을 **용암**이라고 해요. 온도가 약 800~1,000℃나 되지요. 마그마가 밖으로 나올 때 가스는 공기 중으로 나가 버리고 액체만 남아요. 이것이 굳어서 된 암석을 화산암이라고 하는데, 가장 대표적인 것이 현무암이에요. 이처럼 화산 활동을 통해 만들어진 현무암은 제주도나 울릉도에서 많이 볼 수 있어요.

우량계

비나 눈이 내린 양을 재는 기구예요.

비나 눈을 일정한 시간 동안 모으면 그동안 내린 비의 양을 알 수 있어요. **우량계**의 크기는 다양하지만, 우량계의 모양은 원통형으로 만들어야 해요. 그 이유는 어떤 방향에서 비가 오든 측정할 때 영향을 적게 미치게 하기 위해서예요. 세계 최초의 우량계는 우리나라의 '측우기'라고 해요.

정확한 측정을 위해서 우량계는 원통형으로 만들어요.

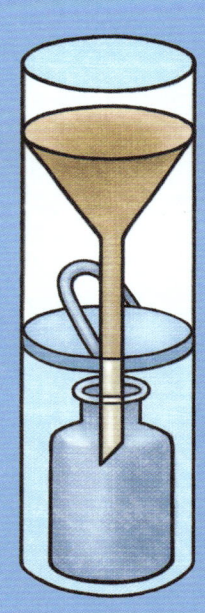

우량계 내부 모습

우무질

개구리나 도롱뇽 등 양서류의 알을 둘러싸고 있는 투명한 물질을 말해요.

우무질은 물속에서 알을 보호해 주는 역할을 하며, 새끼가 나왔을 때 좋은 먹이가 되기도 해요. 우무질은 암컷의 뱃속에 있던 끈끈한 점액질로 물과 만나면 동그랗게 불어나서 알 하나하나를 둘러싸고 보호하지요.

개구리 알이 우무질에 싸여 있어요.

운반 작용

흐르는 물이나 바람에 의해 흙이나 모래, 돌 등이 다른 곳으로 옮겨지는 거예요.

함께 익히기 유수대

운반 작용에서 가장 중요한 것은 물의 속도예요. 흐르는 속도가 빠른 물은 알갱이가 크고 무거운 물질까지 운반이 가능하지만, 속도가 느린 물은 알갱이가 작고 가벼운 물질만 운반할 수 있어요. 그래서 자갈처럼 알갱이가 큰 물질은 해안 부근이나 강의 상류에 많이 쌓이고, 점토와 같이 가볍고 알갱이가 작은 물질은 먼 곳까지 운반되어 쌓이게 되는 거예요.

바닷가나 얕은 바다 ←——————————→ 먼 바다

자갈
자갈은 무거워서 깊은 바다까지 가기 어려워요. 그래서 얕은 바다에는 역암이 많아요.

모래
자갈보다는 작고 진흙보다는 큰 알갱이들이 밀려오는 경우가 많아요. 그래서 사암이 많아요.

진흙
멀리까지 운반될 수 있는 작은 알갱이인 진흙이나 모래가 많아요. 그래서 이암이나 셰일이 많이 발견되요.

운석

우주에서 지구로 들어온 암석 중에
지구의 대기에 의해 타고 남은 것이 땅으로 떨어진 거예요.

운석이 떨어질 때 빛이 나는데, 이것은 우주에 돌아다니던 암석이 지구 표면에 닿기 전에 지구 대기에 의해 마찰되어 빛을 내기 때문이에요. 이때 빛을 내는 운석을 '유성'이라고 불러요. 땅에 떨어지면 더 이상 빛이 나지 않아요.

월식

달이 지구의 그림자에 가려져 보이지 않게 되는 현상이에요.

함께 익히기 달, 일식

월식은 태양, 지구, 달의 순서대로 있을 때 생기는 현상으로 보름달이 뜨는 시기에 일어나요. 이때 생기는 지구 그림자의 가장 어두운 부분을 '본그림자'라고 하고, 옅은 그림자를 '반그림자'라고 해요.

달이 지구의 본그림자에 완전히 가려지면 '개기 월식'이라고 하고, 부분만 가려지면 '부분 월식'이라고 해요.

부분 월식

윗접시 저울

저울 양쪽에 접시를 놓고 한쪽에는 분동을, 다른 한쪽에는 물체를 올려 수평을 맞추어 무게를 측정하는 거예요.

수평을 잡아 무게를 재는 기구로 양쪽에 접시를 올려놓고 잰다고 해서 **윗접시 저울**이라고 해요. 주로 약품, 귀금속 등 작은 양의 무게를 잴 때 사용해요.

하나 더

윗접시 저울 사용 방법

❶ 가운데 바늘의 눈금이 0이 되도록 양쪽 조정 나사를 돌려 수평을 맞춘다.
❷ 무게를 잴 물체를 한쪽 접시에 올려놓는다.
❸ 다른 한쪽 접시에 핀셋으로 분동을 올려놓으면서 수평이 되게 한다. 이때 무거운 분동부터 올려놓는다.
❹ 올려놓은 분동의 무게를 더하면 물체의 무게가 된다.

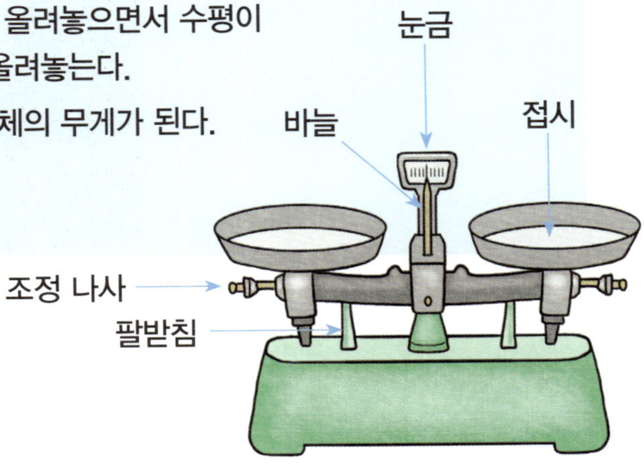

유수대

물이 흐르는 모습을 관찰할 수 있도록 만든 장치예요.

함께 익히기 운반작용

자갈, 모래, 흙 등을 담은 상자에 물을 흘려보내면 흐르는 물에 의해 모래나 흙 등이 어떻게 되는지 볼 수 있게 만든 것이 **유수대**예요.

물이 흐르는 모습은 기울기와 물의 양에 따라 달라지는데, 기울기가 높을수록 물이 빨리 흐르고, 자갈이나 모래도 많이 흘러내려 가요. 또 흐르는 물의 양이 많을수록 물길이 넓고, 더 깊게 파이고, 씻겨 내려가는 흙과 모래의 양도 많아요.

유수대로 물이 흐르는 모습을 실험해 볼 수 있어요.

응결

수증기가 물이 되는 현상을 말해요.

함께 익히기 눈, 비, 수증기, 안개, 이슬

겨울에 버스를 탔을 때 안경 안쪽이 뿌옇게 되는 것, 더운 물로 샤워를 했을 때 욕실 천정이나 벽, 거울 등에 물방울이 맺히는 것, 냄비 뚜껑을 덮어 놓고 물을 끓일 때 냄비 뚜껑 안쪽에 물이 생기는 것 등이 **응결**이지요. 비나 눈, 안개나 이슬이 생기는 이유 역시 수증기의 응결 때문이에요.

수증기는 공기 속을 돌아다녀요.

수증기가 차가운 물체나 찬 공기를 만나면 물방울이 되는데, 이것을 '응결'이라고 해요.

의태

동물이 다른 생물이나 주변 환경과 비슷하게 보이는 것을 말해요.

함께 익히기 곤충

동물 중에 먹이를 얻거나 살아남기 위해서 다른 생물이나 주변 환경과 비슷한 모양과 색깔을 가지는 경우가 있는데, 이것을 **의태**라고 해요.
예를 들어 자벌레는 작은 나뭇가지와 똑같은 모양을 하고 있어 쉽게 눈에 띄지 않아요. 또한 등에는 꿀벌과 비슷한 색깔로 적을 속이기도 해요.

자벌레는 나뭇가지를 닮았어요.

이산화탄소

생물이 호흡을 하거나 물체를 완전히 태울 때 생기는 무색의 투명한 기체예요.

생물은 호흡할 때 산소를 마시고, **이산화탄소**를 밖으로 내보내요. 또한 이산화탄소는 물체에 산소를 충분히 주고 태웠을 때에도 생겨요. 이산화탄소는 식물의 광합성에 다시 사용되어 식물의 영양분이 되기도 하고, 탄산음료, 소화제, 냉동제 등에도 사용되지요.

요즘은 인구 증가와 화석 연료의 사용으로 인해 공기 중 이산화탄소가 점점 늘고 있어요. 이렇게 이산화탄소가 많아지면 지구의 온도를 올리는 '온실 효과'가 나타나 심각한 환경 문제가 발생하지요.

점점 많아지는 이산화탄소를 해결하기 위해서는 나무를 많이 심어야 해요.

이슬

공기 중에 떠다니던 수증기가 차가워진 풀이나
물체 표면에 맺혀 생긴 물방울이에요.

함께 익히기 수증기, 안개

이슬은 습기가 많고 바람이 잘 불지 않는 맑은 날에 잘 생겨요. 특히 기온이 가장 내려가는 새벽이나 이른 아침에 풀잎이나 나뭇잎에 많이 생기지요. 이때 물체 표면의 온도가 영하 이하로 내려가면 얼어 버리기도 해요. 이렇게 수증기가 물체 표면에 닿아서 언 것을 '서리'라고 하지요.

이슬이 생기기 시작하는 온도를 '이슬점'이라고 해요.

이암

진흙이 굳어서 생긴 암석이에요.

함께 익히기 셰일

이암은 깊은 바다 밑, 큰 호수 밑, 갯벌 등에서 많이 볼 수 있어요. 알갱이가 곱고 만지면 느낌이 부드러우며, 손톱으로 긁어도 긁힐 만큼 단단하지 못해요. 이암처럼 진흙이 쌓여서 생긴 암석으로 셰일이 있는데, 셰일은 이암과는 달리 층상 구조로 되어 있어요. 그래서 한쪽 방향으로 잘 쪼개지는 특징이 있어요.

이암

인공 강우

사람이 인공적으로 응결핵을 뿌려 비를 내리게 하는 거예요.

비가 잘 오지 않거나, 비가 꼭 필요한 경우에 **인공 강우**를 해요. 인공 강우의 방법은 보통 비행기로 드라이아이스를 뿌리거나 요오드화은을 승화시켜 구름 속의 작은 물방울들을 큰 빗방울로 만들어 비를 내리게 하는 거예요. 옛날에도 기우제를 지내면서 생기는 재나 연기 등이 응결핵이 되어 비를 내리게 했다고 해요.

드라이아이스나 요오드화은 같은 응결핵을 비행기나 방공포로 구름에 뿌리거나 쏘면 비가 내려요.

일식

달의 그림자 때문에 태양의 전체 또는 일부가 가려져서 보이지 않는 거예요.

함께 익히기 달, 월식

일식에는 태양 전체가 가려지는 '개기 일식'과 태양의 일부만 가려지는 '부분 일식'이 있어요. 달이 지구의 주위를 한 달에 한 번 돌지만, 매달 일식이 생기는 것은 아니예요. 이유는 지구가 완전한 구가 아니고, 지구 자전축도 약간 기울어져 있기 때문이에요.

게다가 지구가 태양을 도는 길(지구 공전 궤도)과 달이 지구를 도는 길(달의 공전 궤도)이 같지 않고, 서로 약간 기울어져 있어서 모두 다 일치하는 때가 많지 않기 때문이지요.

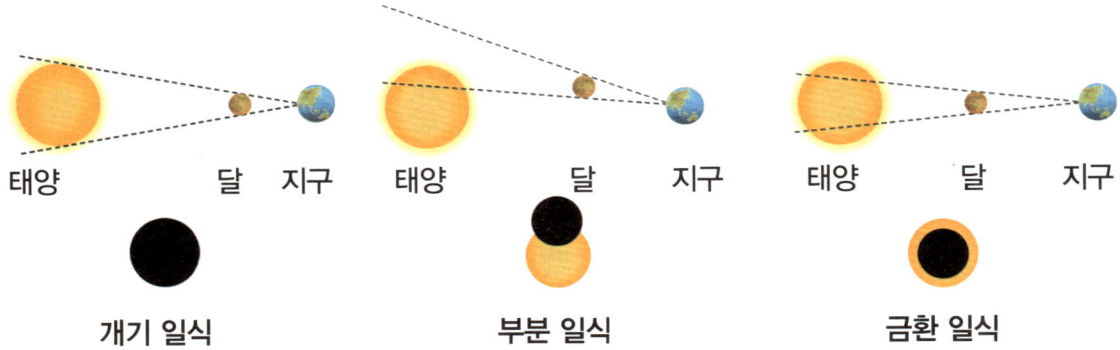

잎

줄기에 붙어 있는 녹색의 넓적한 부분이에요.

함께 익히기 뿌리, 식물

잎은 잎몸과 턱잎, 잎맥, 잎자루로 이루어져 있어요. 잎을 이루고 있는 잎몸, 잎자루, 턱잎의 세 부분을 모두 가지고 있는 잎을 '갖춘잎'이라고 하고, 이 중에 하나라도 없으면 '안갖춘잎'이라고 해요. 갖춘잎의 종류에는 사과나무, 깻잎 등이 있고, 안갖춘잎의 종류에는 동백나무, 오이, 배추 등이 있어요.

잎차례

잎이 줄기에 붙어 있는 모양을 말해요.

함께 익히기 뿌리, 식물, 잎

식물의 줄기에 붙어 있는 모양에 따라 마주나기잎, 어긋나기잎, 돌려나기잎, 뭉쳐나기잎 등으로 나눌 수 있어요.

마주나기잎은 줄기의 잎이 서로 마주보는 모양으로 회양목, 개나리, 백일홍, 사철나무 등이 있고, 어긋나기잎은 줄기의 잎이 한 장씩 번갈아 나는 모양으로 해바라기, 밤나무, 벚나무 등이 있어요.

돌려나기잎은 줄기에 잎이 세 장 이상 돌려나는 모양으로 야자나무, 돌나물 등이 있고, 뭉쳐나기잎은 여러 개의 잎이 줄기의 한 부분에 무리지어 나는 모양으로 소나무, 은행나무 등이 대표적이에요.

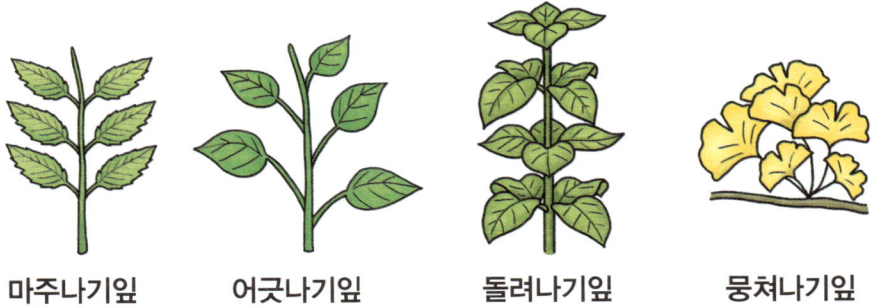

마주나기잎   어긋나기잎   돌려나기잎   뭉쳐나기잎

가나다
라마바사
아자차카
타파하

자기력

자석이 서로 끌어당기거나 미는 힘이에요.

함께 익히기 자석, 자화

자석은 서로 끌어당기는 힘과 미는 힘이 있어요. 끌어당기는 힘을 '인력'이라고 하고, 미는 힘을 '척력'이라고 하는데, 가까울수록 더 강해요.
이처럼 같은 극끼리는 서로 밀어내고, 다른 극끼리는 서로 끌어당기는 힘을 **자기력**이라고 하는데, 자기력은 자석의 끝에서 가장 강하게 나타나요.

두 자석 사이에 작용하는 힘

자기장

자기력의 영향을 받는 곳을 말해요.

함께 익히기 자기력, 자석

모든 자석은 자기력을 가지고 있고 이 힘이 미치는 **자기장**을 가지고 있어요. 자기장은 눈에 보이지는 않지만, 철가루나 나침반을 사용하면 자기력이 나타나는 모습을 볼 수 있지요.
지구도 자기장을 가지고 있어서 나침반은 항상 북쪽을 가리키고 있어요. 이때 나침반의 N극이 가리키는 곳을 '자북'(자북극)이라고 해요.

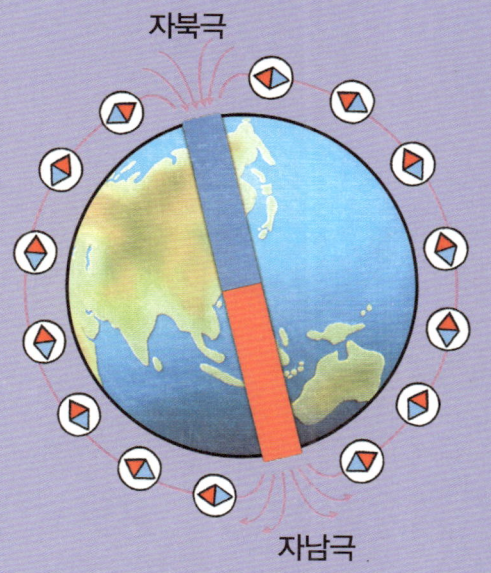

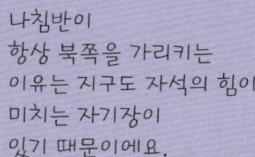

나침반이 항상 북쪽을 가리키는 이유는 지구도 자석의 힘이 미치는 자기장이 있기 때문이에요.

자석

자기장을 만들 수 있는 물질들을 말해요.

함께 익히기 자기력, 자기장, 자화

자석은 자연적으로도 얻을 수 있지만 대부분은 인공적으로 만들어 사용하고 있어요. 자연에서 얻을 수 있는 자석을 '천연 자석'이라고 하고, 인공적으로 만든 자석을 '인공 자석'이라고 해요.
자성이 금방 사라지는 '일시 자석'과 한번 자성이 생기면 계속 자석의 성질을 갖는 '영구 자석'으로 나눌 수 있어요. 생긴 모양에 따라 막대자석, 말굽자석, 원형 자석 등으로 나누기도 해요.
이러한 자석들은 N극과 S극이라는 두 개의 자극을 가지는데, 같은 극끼리는 서로 밀어내고 다른 극끼리는 서로 잡아당겨요.

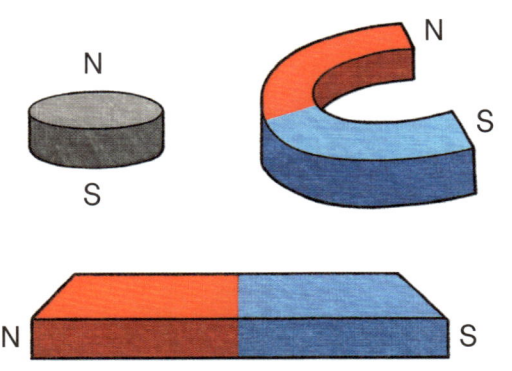

N극은 북쪽을 뜻하는 North의 첫 자인 'N'을 따서 'N극'
S극은 남쪽을 뜻하는 South의 첫 자인 'S'를 따서 'S극'

자화

물체가 자석의 성질을 가지게 되는 거예요.

함께 익히기 자석

자석에 클립이나 철 조각을 오래 붙여 놓았다 떼거나, 한 방향으로 계속 문지르면 클립이나 철 조각에 자성이 생겨 다른 클립이나 철 조각이 붙는데, 이것을 **자화**라고 해요.
자화할 때 반드시 한쪽 방향으로 문질러야만 자석의 성질을 가질 수 있어요.

하나 더

자화하는 방법

① 철과 같이 자석에 붙는 물체를 자석에 오래 붙이거나 한쪽 방향으로 문질러요.
② 자석과 분리해요.
③ 자화가 잘 되었는지 서로 붙여 보아요.

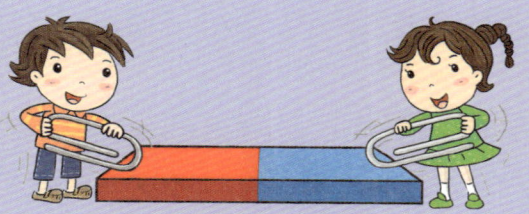

저울

물체의 무게를 재기 위해 사용하는 기구예요.

함께 익히기 양팔 저울, 윗접시 저울

저울의 종류에는 용수철(탄성)을 이용한 저울, 수평잡기 원리를 이용한 저울, 전자 저울 등이 있어요.

늘어났다가 다시 돌아오는 탄성의 성질을 이용한 저울로는 용수철 저울, 앉은뱅이 저울, 체중계 등이 있고, 수평의 원리를 이용한 저울에는 윗접시 저울, 양팔 저울, 대저울 등이 있어요. 또 물체의 무게를 전기 신호로 표시하여 재는 전자(디지털) 저울도 있어요.

전자 저울은 물체의 무게를 전기 신호로 받아서 숫자로 표시해요.

전기 에너지

양전기(+전기)와 음전기(-전기)가 이동하면서 만들어지는 에너지예요.

함께 익히기 전류

집에서 사용하는 전기가 바로 **전기 에너지**예요. 전기 에너지를 사용해서 빛을 내기도 하고, 열을 내기도 해요. 전기는 자석과 마찬가지로 같은 종류끼리는 밀어내고, 다른 종류끼리는 끌어당기는 성질이 있어요. 하지만 자석과 달리 전기의 같은 극은 모을 수 있어요.

구름 아래쪽에 모여 있던 음전기들이 순간적으로 땅으로 흘러가는 것이 바로 번개예요. 번개도 전기 에너지예요.

전류

전기 에너지가 흐르는 것을 말해요.

함께 익히기 전기 에너지

전기는 +극에서 -극으로 흘러요. 그래서 +극이 흐르는 방향이 **전류**의 방향이에요.
그리고 전류가 흐를 수 있게 완전히 연결되어 있는 회로를 '닫힌회로'라고 하고, 한 곳이라도 끊어져서 전류가 흐르지 않는 회로를 '열린회로'라고 해요.

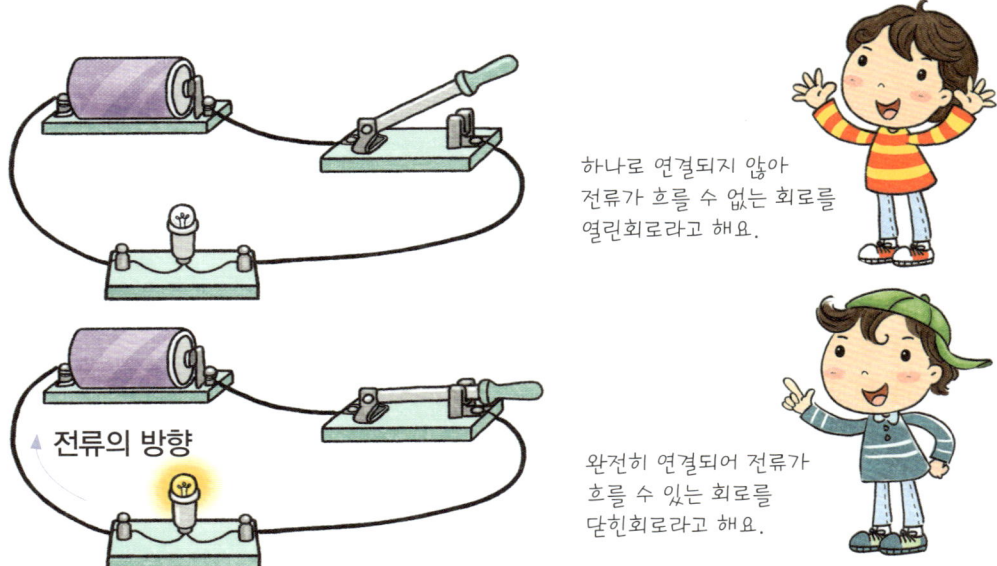

하나로 연결되지 않아 전류가 흐를 수 없는 회로를 열린회로라고 해요.

완전히 연결되어 전류가 흐를 수 있는 회로를 닫힌회로라고 해요.

줄기

아래에는 뿌리가 있고, 위에는 잎과 꽃, 열매 등이 연결되어 있는 식물의 한 부분이에요.

함께 익히기 식물

줄기는 물과 양분이 지나가는 통로예요. 식물이 잘 서 있을 수 있게 하는 기둥 같은 거예요. 이 줄기가 부피 생장을 하느냐, 안 하느냐에 따라 나무줄기와 풀줄기로 나눌 수 있어요.

또 줄기가 자라는 모습에 따라 곧은 줄기, 감는 줄기, 기는 줄기 등으로 구분할 수 있어요. 어떤 식물은 줄기에 양분을 저장하기도 하는데, 대표적인 줄기 저장 식물로는 감자와 토란이 있어요.

해바라기의 곧은 줄기

잔디의 땅속 줄기

감자의 저장 줄기

등나무의 감는 줄기

고구마의 기는 줄기

장미의 가시 줄기

증발

액체의 표면에서 기체로 변하는 현상이에요.

함께 익히기 기체, 액체

증발은 액체가 공기 중으로 날아가 버리는 현상이에요. 액체가 기체로 변하는 방법에는 '증발'과 '끓음'이 있는데, 둘 다 '기화'라고 불러요.
하지만 증발은 온도와 관계없이 액체의 표면에서만 일어나고, 끓음은 특정 온도에서 액체의 표면과 내부에서 모두 일어난다는 점이 달라요.
따라서 증발은 온도가 높고 건조하며 맑은 날일수록 잘 일어나요. 빨래가 마르거나 물기가 있는 유리가 마르는 현상이 바로 증발이에요.

증발에 의한 혼합물의 분리

증발에 의해 혼합물을 분리하는 가장 대표적인 곳이 염전이에요.
바닷물을 가두어서 물을 증발시키고 남은 것이 바로 소금이에요. 또 바닷물을 민물로 만들 때에도 증발하는 물을 가두어서 차게 하면 응결이 되면서 물을 얻을 수 있어요.
소금물을 끓여서 소금을 얻으면 끓음에 의한 것이고, 소금물을 그릇에 담아 햇빛이나 상온에 그냥 두어서 소금을 얻는다면 증발에 의한 분리예요.

지구

우리가 살고 있는 행성이에요.

함께 익히기 행성

지구는 태양을 중심으로 돌고 있는 행성 중 유일하게 생명체가 살고 있는 것으로 알려져 있어요. 태양으로부터 거리는 1억5천만km 떨어져 있고, 자연위성인 달을 가지고 있어요. 1년(365.2564일)에 태양 주위를 한 번 돌고(공전), 하루(23시간 56분)에 한 번 스스로 돌고(자전) 있어요.

지구가 자전할 때는 남극과 북극을 잇는 선을 중심으로 도는데, 그 선을 지구 자전축이라고 해요. 이 자전축이 23.5° 기울어져 태양을 돌고 있기 때문에 낮과 밤의 길이도 달라지고 계절도 바뀌는 거예요.

지구

지구 내부 구조

지구 내부는 지각, 맨틀, 외핵, 내핵으로 나누어요.

함께 익히기 지구

지구 내부는 지진파를 이용해서 조사할 수 있어요. 지진파란, 지진이나 폭발 등에 의해서 전해지는 진동이에요. 지진파를 지구 내부에 보내면 속도가 갑자기 변하는 곳이 있는데, 이것을 기준으로 지각, 맨틀, 외핵, 내핵 4개의 층으로 구분해요.

지각은 지표면에서 아래로 5~36km까지 흙과 암석으로 이루어진 부분이에요. 지각 아래로 2900km까지 고체 상태지만 말랑말랑한 맨틀이라는 곳이 있어요. 맨틀 아래 2900km에서 5100km까지 액체 상태로 존재하는 외핵이 있고, 외핵보다 더 깊은 곳에 온도는 높지만 압력이 어마어마해서 고체 상태로 존재하는 내핵이 있어요.

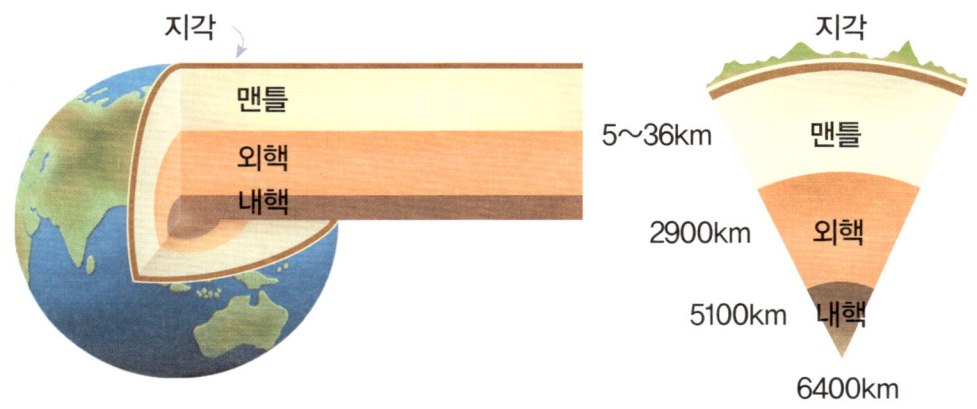

지진

땅이 흔들리는 현상을 말해요.

지구 내부의 한 곳에서 갑자기 움직임이 일어나면 그곳에서 시작된 충격이 땅까지 전해져 지각이 흔들려요. **지진**이 처음 발생한 지역을 '진원'이라고 하고, 진원 바로 위의 지각을 '진앙'이라고 해요.

지진의 세기에 따라 1에서 12까지 나누고 있는데, 이는 피해의 정도를 느낌으로 만든 것이어서 상황에 따라 다를 수 있어요. 그래서 지진파의 진폭이나 주기, 진원의 깊이와 진앙까지의 거리 등을 이용해서 계산한 값을 소수 첫째 자리까지 나타내는 '리히터 규모'로 측정하고 있어요. 숫자가 클수록 더 강한 지진이에요.

지층

진흙과 모래와 자갈 등이 쌓여서 만들어진 층이에요.

함께 익히기 퇴적 작용, 화석

지층은 풍화와 침식으로 인해 생긴 암석의 작은 알갱이들이 운반되어 아래부터 차곡차곡 쌓여 만들어져요. 그래서 지층을 잘 관찰하면 그 시대에 살았던 생물의 유해나 흔적이 남아 있어 지층이 쌓일 때의 자연 환경을 알 수 있어요.

나뭇잎 화석
물고기 화석
조개 화석

이곳이 옛날에는 바다였구나.

질량

장소가 변해도 절대 달라지지 않는 물질의 양이에요.

함께 익히기 **무게, 저울**

물체의 무겁고 가벼움을 말할 때 보통 무게라는 말을 사용해요. 그런데 무게는 지구가 물체를 당기는 힘인 중력에 따라 달라져요. 중력이 커지면 무게도 커지고, 중력이 작아지면 무게도 작아져요.
반면에 **질량**은 변하지 않는 물질의 양으로, 하나의 기준이 되는 단위를 만들어 놓고 그것을 이용하여 측정해요. 몸무게를 잴 때는 용수철로 만들어진 저울에 몸을 올려서 측정하지만, 몸의 질량을 잴 때는 수평잡기를 이용한 양팔 저울이나 대저울 등을 이용해서 측정해요. 질량의 단위는 g(그램), kg(킬로그램)을 사용하고, 무게의 단위는 g중(그램중), kg중(킬로그램중), N(뉴턴)을 사용해요.

중력 때문에 지구와 달에서 재는 몸무게는 서로 달라요.

짝짓기

동물의 암수가 자손을 낳기 위해
짝을 이루어 하는 행동이에요.

함께 익히기 동물의 한살이

동물들은 자신의 종을 계속 유지하기 위해서 자손을 낳는 과정이 꼭 필요하지요. 그래서 동물들마다 상대방의 관심을 끌기 위한 방법을 사용해서 짝을 구하고 짝짓기를 해요.

동물들의 여러 가지 구애 행동

① **큰가시고기**
   수컷은 집을 미리 짓고 혼인색을 띠는 몸으로 춤을 추면서 암컷을 유인해요.

② **공작**
   화려한 꼬리를 펼쳐서 암컷의 관심을 끌어요.

③ **백로**
   수컷의 목과 등에 있는 장식깃을 펼쳐요.

④ **개구리**
   수컷이 크게 울어서 암컷을 불러요.

어머, 너무 멋있어요.

가나다
라마바사
아자차카
타파하

침식 작용

흐르는 물이나 바람, 빙하 같은 것에 의해
땅이나 암석이 깎이는 것을 말해요.

함께 익히기 퇴적 작용

흐르는 물이나 빙하, 바람 등이 땅이나 큰 암석을 깎아서 더 작은 돌이나 흙으로 만들어요. 이러한 **침식 작용**이 계속 일어나면 암석의 모양이 바뀌게 되고, 땅의 모양까지 바뀔 수 있어요. 주로 물의 흐름이 빠른 강의 상류나 파도가 치는 해안가 주변에서 많이 일어나요. 또한 바람이나 빙하에 의해서도 침식 작용이 일어나지요.

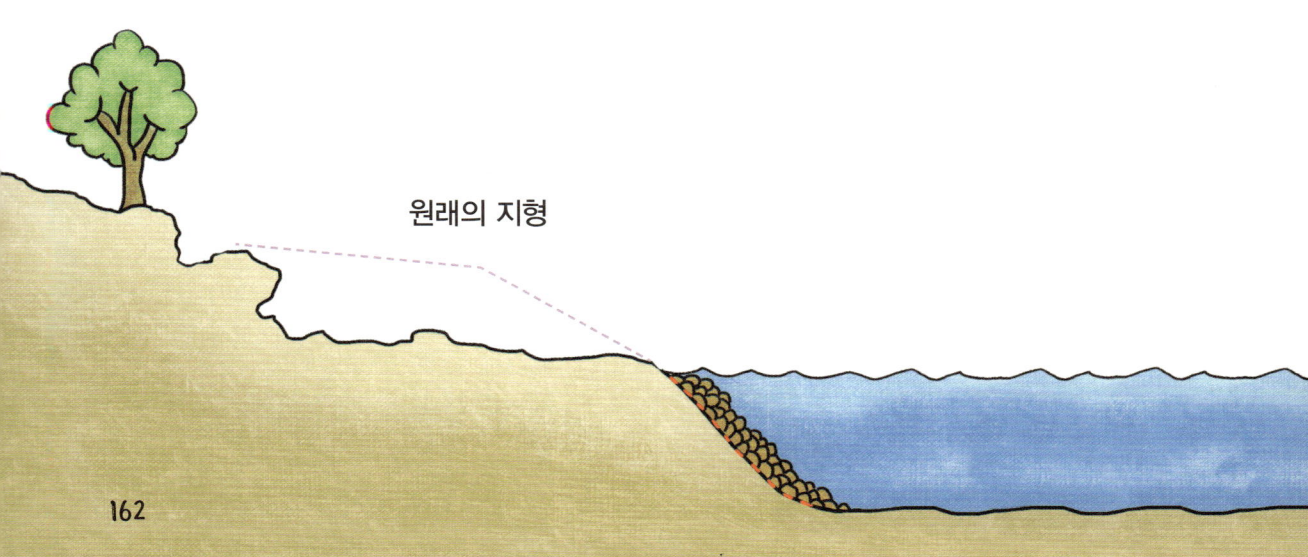

원래의 지형

ㄱㄴㄷ
ㄹㅁㅂㅅ
ㅇㅈㅊㅋ
ㅌㅍㅎ

코로나

태양의 대기에서 가장 바깥을 구성하고 있는 부분이에요.

온도는 100만℃ 정도로 매우 높아요. 온도는 높지만 공기가 아주 적어서 태양의 빛에 비해 상대적으로 어둡게 보여요. 평소에는 태양의 빛에 가려서 보이지 않다가 개기 일식 때에만 맨눈으로 볼 수 있어요.

개기 일식 때의 코로나

ㄱㄴㄷ
ㄹㅁㅂㅅ
ㅇㅈㅊㅋ
E ㅌㅍㅎ

탈바꿈

동물이 자라면서 모습을 달리하는 것을 말해요.

함께 익히기 곤충

탈바꿈을 하는 종류에는 개구리와 같이 어릴 때는 올챙이로, 자라서는 개구리로 탈바꿈하는 것과 곤충처럼 자라면서 모습이 변하는 것이 있어요.

곤충이 알 → 애벌레 → 번데기 → 성충으로 변하는 것을 '완전 탈바꿈'이라 하고, 번데기 과정을 거치지 않고 애벌레에서 바로 성충으로 변하는 것을 '불완전 탈바꿈'이라고 해요.

완전 탈바꿈을 하는 곤충에는 나비, 나방, 모기, 파리 등이 있고, 불완전 탈바꿈을 하는 곤충에는 매미, 메뚜기, 사마귀 등이 있어요.

태생

어미가 새끼를 낳는 것을 말해요.

함께 익히기 난생, 동물

포유류의 새끼 낳는 방식을 **태생**이라고 해요. 포유류는 뱃속에서 어느 정도 자란 새끼를 낳아 젖을 먹여서 키워요. 사람, 소, 말, 호랑이, 개 등이 태생에 속하며, 이렇게 태어난 새끼들은 생긴 모습이 부모와 비슷하고 어미의 보호 속에서 자라요. 태생을 하는 동물들은 새끼를 많이 낳는 편은 아니에요. 새끼가 끝까지 살아남을 수 있도록 생존하는 법을 가르치지요.

태풍

바람의 최대 속도가 1초에 17m보다 빠르고,
많은 비와 함께 나타나는 열대성 저기압을 말해요.

함께 익히기 여름

적도 근처의 바닷물의 온도가 약 27℃ 이상인 경우에 생겨요. 이러한 태풍은 어디에서 만들어졌느냐에 따라 부르는 이름이 달라져요.
북태평양에서 만들어지면 **태풍**, 북대서양에서는 허리케인, 인도양에서는 사이클론, 남태평양에서는 윌리윌리라고 불러요. 우리나라에 영향을 주는 것은 태풍이에요.
태풍은 주로 시계 반대 방향으로 돌기 때문에 태풍이 지나가는 길을 중심으로 오른쪽은 피해가 많고 왼쪽은 그보다 조금 적어요. 우리나라에서는 주로 7~9월에 태풍의 영향을 많이 받는데, 강한 비바람 때문에 자연과 건물들에 많은 피해를 입히기도 해요.

태풍

퇴적암

자갈, 모래, 흙 등의 퇴적물들이
운반되어 쌓여 굳어진 암석이에요.

함께 익히기 사암, 역암, 퇴적 작용

운반된 자갈이나 모래, 흙, 죽은 생물의 뼈 등을 퇴적물이라고 해요. 퇴적암은 이러한 퇴적물들이 쌓여 오랜 시간 동안 단단하게 굳어진 거예요. 지구의 표면은 대부분이 퇴적암으로 이루어져 있어요. 퇴적암의 종류에는 이암, 사암, 역암, 석회암, 석탄 등이 있어요.

퇴적암

퇴적암은 퇴적물들이 쌓여서 오랜 시간 동안 단단하게 굳어진 암석이에요.

퇴적 작용

퇴적물들이 운반되어 쌓이는 것을 말해요.

함께 익히기 지층, 침식 작용

물이나 바람 등에 의해 옮겨진 작은 퇴적물 알갱이들이 아래서부터 차례대로 쌓이는 거예요. 물의 흐름이 느리거나 거의 움직임이 없는 곳에 잘 쌓여요. 이러한 **퇴적 작용**에 의해서 퇴적암이 만들어지고, 땅도 만들어져요.

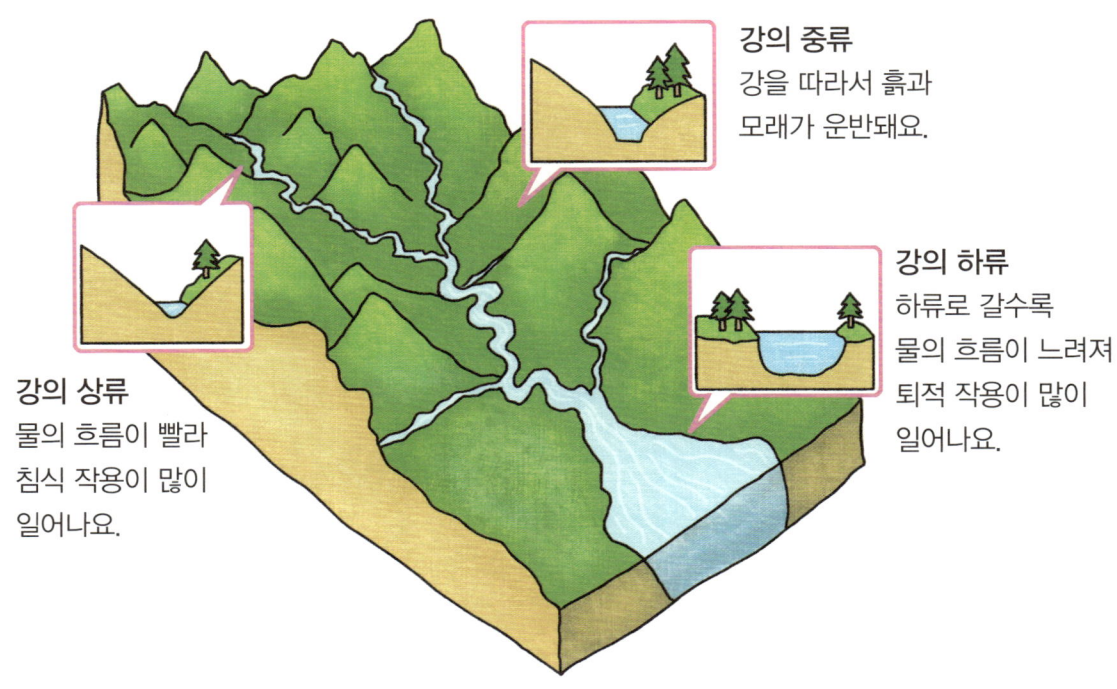

강의 중류
강을 따라서 흙과 모래가 운반돼요.

강의 하류
하류로 갈수록 물의 흐름이 느려져 퇴적 작용이 많이 일어나요.

강의 상류
물의 흐름이 빨라 침식 작용이 많이 일어나요.

ㄱㄴㄷ
ㄹㅁㅂㅅ
ㅇㅈㅊㅋ
ㅌㅍㅎ

풀

풀은 줄기가 연하고 보통 1~2년 정도 사는 식물이에요.

풀은 보통 1~2년 정도 사는 것이 대부분이지만 그 이상을 사는 것도 있어요. 풀은 나무와 달리 줄기가 굵어지지 않아요. 그래서 나무에서 볼 수 있는 나이테를 풀에서는 볼 수 없어요.

예를 들어 대나무는 나무라는 이름이 붙어 있지만 줄기가 커지지 않아 풀로 분류되어요. 풀의 종류에는 할미꽃, 애기똥풀, 민들레, 금낭화, 토끼풀, 엉겅퀴, 도깨비바늘, 냉이, 쑥, 제비꽃, 명아주 등이 있어요.

대나무는 이름은 나무이지만, 자르면 속이 텅 비어 나이테가 없고, 줄기가 굵어지지 않기 때문에 풀이지요.

나무는 여러해살이 식물로 풀과 달리 부피 생장을 해요. 그래서 나무줄기를 가로로 자르면 둥근 띠 모양의 무늬들이 나타나는데, 이것을 '나이테'라고 해요.

풍력 발전

바람이 불 때 생기는 힘을 이용하여 전기를 만드는 것을 말해요.

함께 익히기 전기 에너지

바람은 많이 사용한다고 해서 없어지는 것도 아니고, 나쁜 물질을 내보내지도 않아요. 환경을 오염시키지 않는 친환경 재생 에너지예요. **풍력 발전**은 바람을 이용해서 전기 에너지를 얻는 거예요. 바람이 많이 부는 곳에서 더 많은 에너지를 만들 수 있는데, 우리나라에서는 많은 양은 아니지만 제주도나 대관령 등에 풍력 발전소를 설치하여 전기를 얻고 있어요.

풍력 발전소

풍속

바람의 빠르기예요.

함께 익히기 바람

풍속은 바람이 1초에 몇 m를 갔는지(m/s) 또는 1시간에 몇 m를 갔는지를 알려 주지요. 이렇게 바람이 지나가는 빠르기는 풍속계를 사용하여 재는데, 가장 간단한 형태로 바람개비 풍속계가 있어요.

이 풍속계는 중앙 부분에 컵이나 날개가 달려 있어 일정 시간 동안 불어오는 바람에 의해 컵이나 날개가 얼마나 회전하는지 그 회전수를 기록하여 풍속을 측정하는 방법이에요.

풍향

바람이 불어오는 방향을 말해요.

함께 익히기 바람

북쪽에서 불어오면 북풍, 남쪽에서 불어오면 남풍이라고 불러요. 바람이 불어오는 방향은 풍향계로 알 수 있는데, 화살의 끝이 향하는 방향을 읽으면 돼요. **풍향**은 보통 관측하고자 하는 시간을 기준으로 이전 10분 동안의 평균 방향을 의미해요. 그리고 풍속(바람의 빠르기)이 1초에 20cm보다 적게 불 때에는 재지 않고, '바람이 거의 없다.'고 하지요.

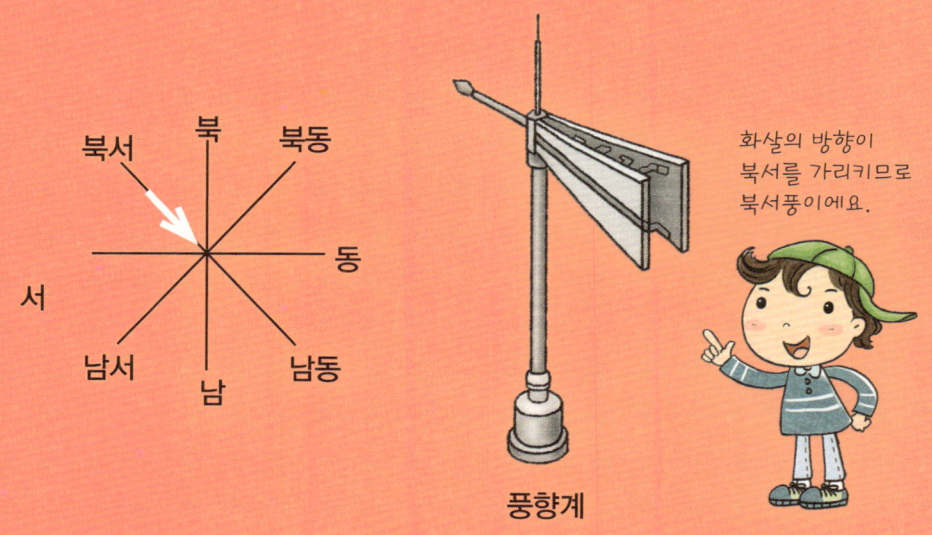

풍향계

화살의 방향이 북서를 가리키므로 북서풍이에요.

풍화 작용

**물이나 바람, 빙하 등에 의해
암석이 깎이거나 부서지는 거예요.**

함께 익히기 침식 작용

풍화에는 커다란 암석이 작게 부서지는 '기계적 풍화'와 녹거나 성분이 바뀌는 '화학적 풍화'가 있어요.

침식 작용과 조금 다른데, 침식 작용은 빠르거나 매우 강한 힘을 가진 물이나 바람, 빙하 등에 의해 깎이는 작용을 말하는 거예요. 하지만 풍화는 오랜 기간 서서히 물이나 바람 등에 노출되어 암석이 깎여서 모래나 흙이 되거나 모난 것이 평평해 지는 거예요.

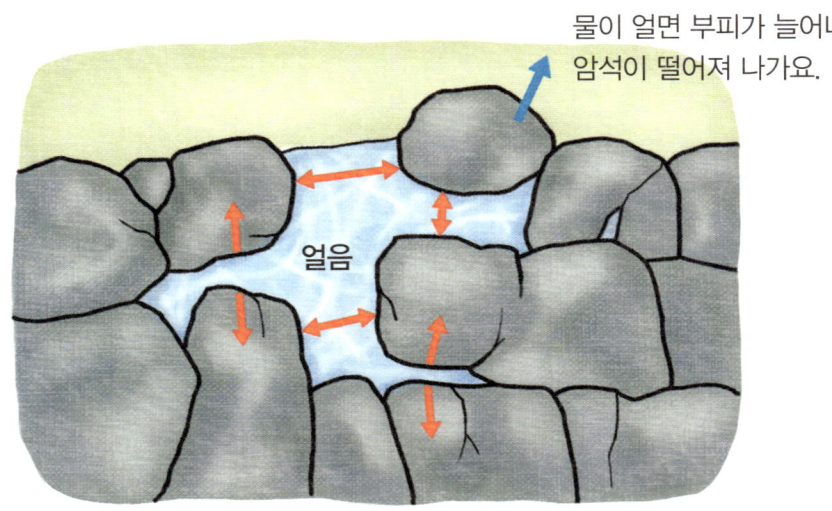

물에 의한 풍화 작용

가나다
라마바사
아자차카
타파하

해구

깊은 바닷속에 있는 좁고 깊은 골짜기를 말해요.

해구 중에 제일 깊은 곳은 깊이가 11,000m 이상인 것도 있고, 횡단면이 V자 모양을 이루어 경사가 아주 급한 해구도 있어요. 큰 땅덩어리로 이루어진 판과 판이 만나 부딪칠 때 서로 들어가는 부분에 많이 생기는데, 북태평양 서쪽에 특히 많이 있어요. 그래서 필리핀 해구, 일본 해구 등이 유명해요.

육지에서 가장 높은 에베레스트 산보다 더 깊은 해구도 있어요.

해상 크레인

큰 배 위에서 무거운 물건을 옮길 수 있도록 만들어진 크레인이에요.

크레인은 기중기라고도 하는데, 물건을 들어 올려서 위와 아래, 오른쪽과 왼쪽으로 옮길 수 있는 기계 장치예요. 그런데 땅에서는 크레인이라도 너무 무거운 무게는 들어 올리기 어려워요.
하지만 바닷물을 지지 기반으로 하면 땅에서보다 더 무거운 것도 들어 올릴 수 있어요.

해상 크레인은 지상 크레인보다 훨씬 무겁고 큰 물체를 들 수 있어요.

해면동물

몸은 항아리 모양이고, 다른 물체에 붙어서 살아가는
간단한 구조의 동물이에요.

해면동물의 몸은 부드러워서 손으로 만지면 푹신푹신한 느낌을 주어요. 주로 얕은 바다에 사는 동물로 물을 보유하는 능력이 뛰어나서 해면동물 중 일부는 목욕용, 미술용, 화장용으로 널리 사용되고 있어요.

해면동물

행성

항성의 둘레를 도는 천체예요.

함께 익히기 지구

지구는 태양의 주위를 도는 **행성**이에요. 스스로는 빛을 내지는 못하지만 태양과 같은 항성에서 나오는 빛을 반사하여 빛을 낼 수 있어요. 이렇게 태양을 중심으로 도는 천체를 '태양계'라고 하는데, 태양계 안에는 수성, 금성, 지구, 화성, 목성, 토성, 천왕성, 해왕성 8개의 행성이 있어요. 짧게는 수성이 88일, 가장 길게는 해왕성이 165년에 한 번 태양의 둘레를 돌지요.

태양계

항성

스스로 빛을 내는 별을 항성이라고 해요. 우리 주변에 있는 가장 가까운 항성은 태양이에요. 태양과 같은 항성은 수소, 헬륨과 같은 기체들이 서로 모이면서 큰 에너지를 내고, 온도가 높아져서 빛을 내보낼 수 있는 거예요.

헬륨

색도 없고, 냄새도 없으며, 수소 다음으로 가장 가벼운 기체예요.

헬륨은 수소보다 덜 가볍지만 다른 원소와 잘 결합하지 않으려는 성질이 있어요. 그래서 안전하게 기구를 띄우는 데 사용하기도 해요.

헬륨가스를 마시면 왜 목소리가 변할까?

헬륨가스는 공기 속에 있는 기체보다 가벼워요. 그래서 마시자마자 빠르게 위쪽으로 빠져 나가요. 그때 소리도 가볍고 빠르게 퍼져나가게 되어 평소의 목소리가 아닌 좀더 높은 소리로 나오기 때문에 다르게 들리는 거예요.

헬륨은 공기보다 가볍기 때문에 높이 뜰 수 있어요.

현무암

마그마가 지표로 흘러나와 굳어진 암석이에요.

함께 익히기 마그마, 용암, 화산

현무암에 구멍이 나 있는 것을 볼 수 있는데, 그것은 용암이 갑자기 식어 기체가 빠져나간 흔적이에요. 현무암은 진한 회색 또는 검은색이며, 단단하고 알갱이의 크기는 작아요.
우리나라에서는 화산 활동이 있었던 제주도에서 많이 볼 수 있는데, 맷돌이나 절구를 만들거나 돌하르방 같은 관광용품을 만들 때 사용하고 있어요.

현미경

눈으로는 볼 수 없는 작은 물체나 물질
그리고 생물을 크게 해서 보는 기구예요.

현미경으로 물체를 크게 볼 수 있는 이유는 두 개의 볼록 렌즈(대물렌즈와 접안렌즈)로 물체를 두 번 확대해서 보기 때문이에요.
현미경의 종류로는 광학 현미경, 금속 현미경, 편광 현미경, 자외선 현미경, 전자 현미경 등이 있어요.
일반적으로 우리가 현미경이라고 하는 것은 조명 장치를 두고 볼록 렌즈를 통과시켜 물체를 확대해서 보는 광학 현미경을 말해요.

현미경의 구조

클립 : 재물대 위에 있는 프레파라트가 움직이지 않도록 고정하는 장치예요.
미동나사 : 초점을 정확하게 맞출 때 사용해요.
프레파라트 : 관찰하려는 재료(물체)를 슬라이드글라스와 커버글라스 사이에 넣어 빛을 통과시켜서 볼 수 있도록 만든 거예요.
접안렌즈 : 눈으로 들여다보는 렌즈예요.
경통 : 접안렌즈와 대물렌즈를 연결하는 것으로 빛이 지나가는 곳이에요.

조동나사 : 경통 또는 재물대를 위아래로 움직이며 물체의 모습을 찾는 데 사용해요.
회전판 : 대물렌즈의 배율을 선택하여 돌리는 곳이에요.
대물렌즈 : 프레파라트에 접하는 렌즈예요.
손잡이 : 현미경의 몸체를 이루는 부분으로 운반할 때 이곳을 잡고 옮겨요.
재물대 : 프레파라트를 올려놓는 곳으로 중앙에 있는 구멍으로 빛이 들어와요.
조리개 : 빛의 양을 조정하는 곳이에요.
반사경 : 빛을 반사시켜 대물렌즈로 빛을 보내는 역할을 해요.

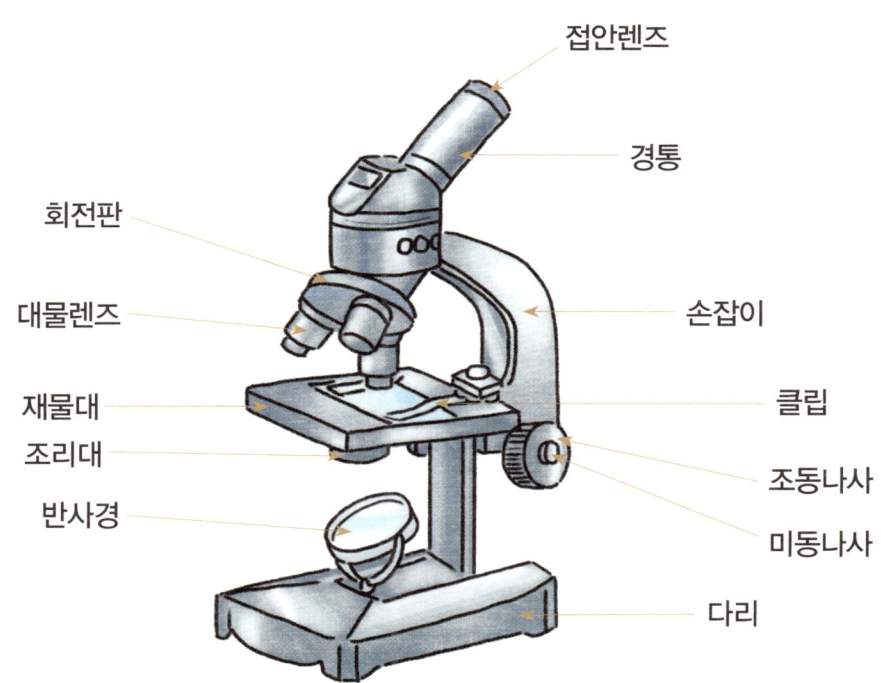

현미경 사용 방법

① 현미경을 직사광선이 비치지 않는 수평한 곳에 놓아요.
② 조동나사로 프레파라트와 재물대 사이의 거리를 최대한 넓히고, 배율이 가장 낮은 렌즈가 경통의 바로 아래에 오게 해요.
③ 반사경을 조절하여 밝게 보이게 해요.
④ 프레파라트를 재물대 위에 올려놓고 클립으로 고정을 한 뒤 조리개로 빛의 양을 조절해요.
⑤ 옆에서 보면서 조동나사로 프레파라트와 대물렌즈 간격을 최대한 좁혀요.
⑥ 접안렌즈로 보면서 조동나사를 돌려 초점을 맞춘 후, 미동나사를 돌려 잘 보이게 해요.
⑦ 현미경으로 보이는 것을 스케치하며 관찰 내용을 기록해요.

현미경에서 보이는 물체의 모습은 우리가 보는 모습과 어떻게 다른가요? 재물대를 움직이면서 초점을 맞추는 현미경은 좌우만 반대로 보여요. 경통을 움직이면서 초점을 맞추는 현미경은 상하 좌우가 모두 반대로 보여요.

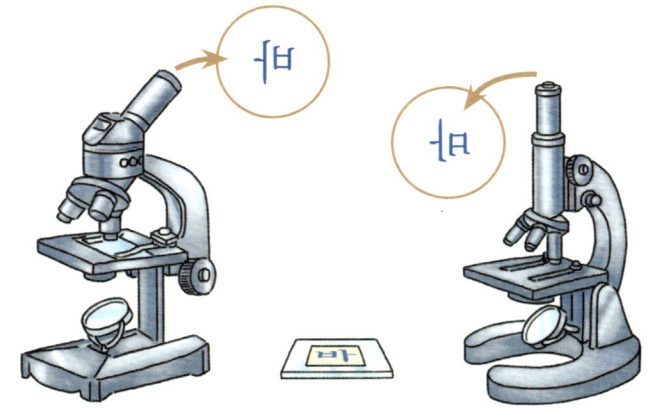

재물대 이동식 현미경　　　경통 이동식 현미경

혼합물

둘 이상의 여러 물질들이 성질이 변하지 않는 상태로 섞여 있는 거예요.

소금과 물이 함께 섞여 있거나, 모래와 소금이 섞여 있거나 또는 모래에 철가루가 섞여 있는 것들은 모두 **혼합물**이에요.
혼합물은 각각의 물질의 성질을 그대로 가지고 있기 때문에 각 물질의 성질에 알맞은 방법으로 분리할 수 있어요. 이것을 '혼합물의 분리'라고 해요.

동전 분류기

깨끗한 물을 걸러 내는 정수기나, 동전을 크기별로 분리하는 동전 분류기 등은 실생활에서 혼합물을 분리하는 예이지요.

화산

땅속에 녹아 있던 마그마나 화산재, 화산 가스 등
화산 분출물들이 땅 위로 솟아나오는 곳이에요.

함께 익히기 마그마, 용암

화산이 폭발하면 지구 표면의 약한 부분을 뚫고 여러 가지 기체와 용암 등 화산 분출물이 나와요.

화산의 활동 모습에 따라 마그마가 조용히 흘러나오는 '분출형 화산', 폭발적인 소리를 내며 터져나오는 '폭발형 화산', 이 둘이 번갈아가면서 나오는 '혼합형 화산' 등으로 나눌 수 있어요.

한라산은 예전에는 활동을 했지만, 지금은 활동하지 않는 화산이에요.

화석

옛날에 살았던 생물의 시체나 흔적이
지금까지 남아 있는 것을 말해요.

함께 익히기 퇴적 작용

화석은 생물의 시체나 흔적 등이 땅에 묻히고 그 위에 퇴적물이 쌓여 돌처럼 단단하게 굳은 거예요. 생물의 일부 또는 전체가 남아 있는 것을 '체화석'이라고 하고, 생활 모습이나 흔적이 남아 있는 것을 '흔적화석'이라고 해요.

삼엽충이나 암모나이트, 공룡처럼 살았던 시간은 짧았지만 넓은 지역에서 살았던 생물들의 화석을 '표준화석'이라고 해요. 표준화석은 그곳이 언제 만들어졌는지 알 수 있어요.

생존 기간이 길고 환경 변화에 민감하여 좁은 범위에서만 살 수 있는 산호나 고사리 같은 화석을 '시상화석'이라고 하는데, 당시의 자연 환경을 아는 데 좋은 자료가 되고 있어요.

❶ 물 속에 살던 생물들이 죽고 그 위에 퇴적물이 쌓여요.

❷ 퇴적물이 계속 쌓여요.

❸ 땅이 깎이기 시작해요.

❹ 땅이 더 많이 깎여 화석이 밖으로 드러나요.

황사

중국 대륙이나 몽골의 사막에 있던 모래와 먼지가
편서풍을 타고 날아오는 거예요.

봄이 되면 겨울 동안 얼어 있던 땅이 녹으면서 작은 모래 먼지가 많아져요. 이 모래 먼지가 강한 바람을 타고 모래 폭풍처럼 하늘로 올라가 바람을 타고 우리나라까지 날아오는 현상을 **황사**라고 해요. 황사 알갱이의 크기는 매우 작아서 호흡기나 눈에 들어가 여러 가지 질병을 일으켜요. 게다가 요즘은 오염 물질이 함께 섞여 오기 때문에 황사가 심할 때는 외출을 하지 않는 것이 좋고, 외출 후에는 몸을 깨끗하게 씻어야 해요.

황사

실험 관찰 보고서

실험을 할 때에는 실험 관찰 보고서를 써서 준비물, 실험 과정, 실험 결과를 기록해 두는 것이 중요해요. 실험 관찰 보고서를 쓰면 실험 과정에서 잘못된 부분을 발견할 수 있어요. 또 실험 결과에 영향을 미치는 원인에 대해서도 알 수 있지요. 실험 결과를 기록해 두면 다음에 실험하지 않아도 그 결과를 확인할 수 있어요. 친구들과 함께 실험해 보고 서로의 관찰 보고서를 비교해 보세요.

실험 관찰 보고서

학년 반 이름:

제목 :

실험 날짜	
실험 장소	
실험 목적	
실험 준비물	
실험 과정	
예상되는 결과	
실험 결과	
알게된 점	
의문점	

슬러시

준비물 얼음, 소금, 큰 그릇, 플라스틱 병, 각종 과일 갈아 놓은 것이나 과일 주스, 온도계, 타이머

실험 과정

❶ 넓적하고 큰 그릇에 얼음을 가득 담아요.
❷ 온도를 확인해요.
❸ 얼음에 소금을 많이 뿌려요.
❹ 온도를 계속 확인해요.
❺ 플라스틱 통에 원하는 재료를 넣어요.
❻ 20~30분 정도 기다려요.
❼ 어느 정도 얼면 흔들어 주세요.
❽ 꿀이나 설탕 시럽 등을 넣으면 시원한 슬러시가 돼요.

실험 결과

왜 그럴까요?

각 물질은 고체가 액체로 되는 온도인 녹는점이 정해져 있어요. 하지만 다른 물질이 섞이면 원래의 물질보다 더 낮은 온도에서 고체가 액체로 돼요. 이런 현상을 '녹는점 내림'이라고 해요. 얼음도 소금을 넣으면 더 낮은 온도에서도 액체가 되어 녹아요. 이때 얼음이 물이 되면서 주변의 온도를 빼앗아 가요. 이렇게 더 낮아진 온도로 용기 속의 액체들을 얼릴 수 있는데, 이를 이용해 슬러시나 아이스크림을 만들 수 있어요.

소화기

준비물 식소다, 물약 통, 식초, 양초

실험 과정
❶ 물약 통 안에 식초를 첫 번째 칸만큼 넣어요.
❷ 촛불을 켜요.
❸ 물약 통 안에 준비한 식소다를 넣어요.
❹ 물약 통이 부풀어지면 촛불에 갖다 대요.
❺ 촛불을 확인해요.

실험 결과

왜 그럴까요?

식소다의 성분은 대부분 탄산수소나트륨이에요. 탄산수소나트륨에 식초를 넣으면 부글부글 기포가 생기는데, 이 기포가 이산화탄소예요. 이산화탄소는 식물의 광합성에도 쓰이지만, 아이스크림을 오랫동안 녹지 않게 하는 드라이아이스와 소화기를 만드는 데도 사용되고 있어요. 위의 실험은 불을 끄게 하는 이산화탄소의 성질을 이용한 거예요.

손난로

준비물 야채(감자, 무, 당근, 고구마 등), 산소계 표백제, 강판, 그릇, 지퍼가 있는 비닐, 온도계

실험 과정
❶ 야채를 강판에 갈아요.
❷ 강판에 간 야채의 온도를 재요.
❸ 강판에 간 야채를 그릇에 담고 산소계 표백제를 넣어요.
❹ 지퍼가 있는 비닐에 담아요.
❺ 가만히 두고 관찰해요.
❻ 만져 보세요.
❼ 온도를 재 보세요.

실험 결과

왜 그럴까요?

산소계 표백제와 물이 만나면 과산화수소수가 되는데, 야채에는 과산화수소의 해로운 성분을 분해하는 효소가 있어요. 이 효소는 과산화수소수를 산소와 물로 바꿀 수 있어요. 그리고 이 과정에서 열이 생기는데 이 열로 손난로를 만들 수 있지요. 실험에서 물과 부풀어진 봉투를 볼 수 있는데 이는 과산화수소가 물과 산소로 변했기 때문이에요.

치즈

준비물 휴대용 가스레인지, 냄비, 우유, 식초, 깨끗하게 소독한 거즈, 그릇

실험 과정

❶ 냄비에 우유를 넣고 끓여요.
❷ 우유에 김이 나기 시작할 때 식초를 넣어요.
❸ 우유가 뭉글뭉글한 느낌이 들 때 불을 꺼요.
❹ 천천히 저어요.
❺ 냄비 안에 있는 우유 덩어리를 거즈에 부어요.
❻ 물이 빠진 다음 남은 우유 덩어리를 다른 그릇에 옮겨 두면 치즈가 만들어져요.

실험 결과

왜 그럴까요?

우유는 여러 가지 물질이 함께 섞여 있는 혼합물이에요. 각각 다른 성질의 물질들이 모여 있지요. 우유 속에 들어 있는 물질 중에 단백질만을 따로 모은 것이 치즈예요. 천연 치즈를 만드는 방법으로 우유를 살균하여 '젖산균'이라는 미생물을 넣어 만들기도 하지만 이 실험처럼 식초를 넣어 단백질만 뭉쳐지는 성질을 이용해서 만들 수도 있어요.